1. 蒙台梭利博士风采

3.
1. 2.

1. 1913 年
2. 1919 年
3. 1933 年

4. 1950 年

5. 1951 年

4.

5.

2. 意大利早期“儿童之家”掠影

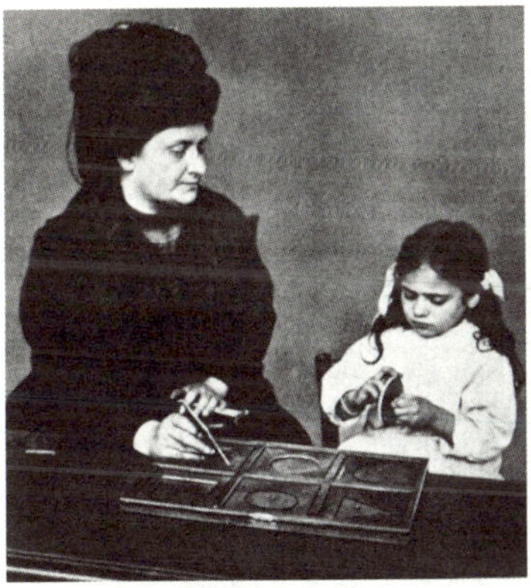

1. | 2.
3.
4.

3. 世界各地蒙台梭利教育实践早期掠影

1.
2.

3.

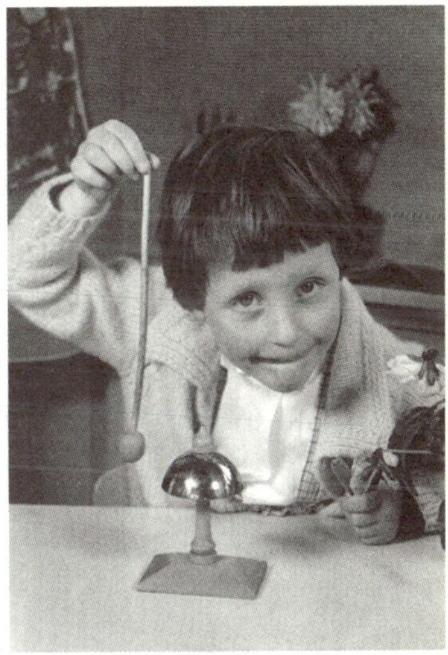
4.

5.

4. 世界各地蒙台梭利教育实践当代掠影

1.	2.
	3.

1. 澳大利亚
2. 澳大利亚
3. 澳大利亚

4. 

5. 

6. 

4. 澳大利亚　　5. 巴基斯坦　　6. 法国

7. | 8.
9.

7. 法国

8. 加拿大

9. 马其顿

10.

11.

10. 美国　11. 美国

12. 

13. 

12. 墨西哥　13. 南非

14. 

15. 

14. 尼泊尔　15. 日本

16.
17. 18.

16. 日本
17. 日本
18. 萨尔瓦多

19.
20. 21.

19. 泰国
20. 坦桑尼亚
21. 新西兰

22. 英国
23. 英国

24.

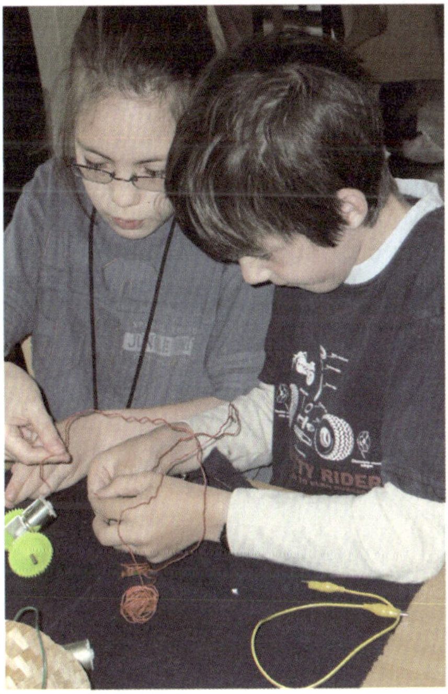
25.

26.

24. 英国　25. 英国　26. 中国

27. 

28. 

27. 中国　28. 中国

Dr. Montessori's Own Handbook

实践版

蒙台梭利儿童教育手册

3~6岁儿童学习与发展指南

[意] 玛利亚·蒙台梭利

中国青年出版社
CHINA YOUTH PRESS
中青文传媒

图书在版编目（CIP）数据

蒙台梭利儿童教育手册：3~6岁儿童学习与发展指南（实践版）/（意）蒙台梭利著；刘白玉，刘雪，张丽华译．—北京：中国青年出版社，2014.4

书名原文：Dr. Montessori's own handbook

ISBN 978-7-5153-0766-4-01

Ⅰ.①蒙… Ⅱ.①蒙… ②刘… ③刘… ④张…

Ⅲ.①学前儿童—儿童教育—手册 Ⅳ.① G61-62

中国版本图书馆CIP数据核字（2014）第024059号

蒙台梭利儿童教育手册：3~6岁儿童学习与发展指南（实践版）

作　　者：［意］玛利亚·蒙台梭利
译　　者：刘白玉　刘　雪　张丽华
策划编辑：赵　玉
责任编辑：肖　佳　胡莉萍
美术编辑：张燕楠
出　　版：中国青年出版社
发　　行：北京中青文文化传媒有限公司
电　　话：010-65511270/65516873
公司网址：www.cyb.com.cn
购书网址：zqwts.tmall.com　www.diyijie.com
印　　刷：三河市文通印刷包装有限公司
版　　次：2014年4月第1版
印　　次：2017年7月第3次印刷
开　　本：787×1092　1/16
字　　数：160千字
印　　张：13.5
书　　号：ISBN 978-7-5153-0766-4-01
定　　价：33.00元

作者声明

由于全社会都对儿童教育法产生了极大兴趣，很多出版商陆续出版了一些书，包括这部《蒙台梭利儿童教育手册》。我特此郑重声明：目前这部《蒙台梭利儿童教育手册》的英文版本，是我授权和准许使用的唯一英文版本，我授权的其他两部英文版本分别是《蒙台梭利早期教育法》和《教育人类学》。

Maria Montessori

致我的朋友
玛利亚·玛拉依妮 女士
侯爵夫人格瑞尔妮·贡萨格

她们慷慨大方、全心全意、

无私地将这部教育著作，

首先在我们伟大的祖国——意大利出版。

这是一部奉献给全人类孩子的书！

前言

如果说前言是灯，来照亮全书的内容，那么，我愿意不选择语言，而选择鲜活的人物形象来阐明这部即将走进千家万户的书籍，这些家庭都在养育着正处于成长期的孩子。我举两个特别有说服力的典型例子：海伦·凯勒和安妮·苏利文夫人。对我本人而言，她们是我的老师，而对世界而言，她们则是教育奇迹下活生生的典范。

事实上，海伦·凯勒是人类史上令人惊叹的例子，她向人们证明了，人类可以通过感知教育解放被禁锢的心灵。这一观点也正是所有教育方法的基础，本书将对此做进一步阐述。

如果仅凭感知教育就能使海伦·凯勒成为杰出的、具有非凡修养的女作家，那么还有谁比她更能证明这种感知教育方法的巨大潜力呢？如果海伦·凯勒仅靠自己非同寻常的天赋就能获得崇高的世界观，那么还有谁比她更能证明人类心灵深处隐藏的、随时等待开发的精神力量呢？

海伦，请用你的心灵感动孩子们吧！因为，他们最理解你。他们是你的弟弟妹妹，当他们悄悄地用带子蒙住眼睛，用小手触摸这个世界时，意识中就会产生一种感觉，一种从未有过的幸福，他们会欢呼："我用手看到了世界。"只有孩子们，才能够完完全全体会你心灵所感受的富有戏剧性的神秘感。当孩子们静静地待在黑暗中时，他们的心灵在自由飞翔，智力在成倍提高，没有学习就会读书写字了——而这一切几乎全凭直觉。孩子们，只有这些孩子们，才能够理解在学习的光明大道上，上帝所赐予你的喜悦。

玛利亚·蒙台梭利

目录

Dr. Montessori's Own Handbook

第1章

引言

导读[1]

幼儿的成长包括身体健康与心理适应两方面。为有效促进幼儿身心健康发展，成人应为幼儿提供合理均衡的营养，保证充足的睡眠和适宜的锻炼，满足幼儿生长发育的需要；创设温馨的人际环境，让幼儿充分感受到亲情和关爱，形成积极稳定的情绪情感；帮助幼儿养成良好的生活与卫生习惯，提高自我保护能力，形成使其终身受益的生活能力和文明生活方式。

① 本书的导读和小贴士内容，改编自中国教育部2012年颁布的《3～6岁儿童学习与发展指南》，它们与蒙台梭利博士的经典教育理念相得益彰，意在为读者提供经久不衰的理论指导以及与时俱进的操作方法。

近几年来，儿童的生活条件有了显著改善。在所有的文明国家，尤其是英国，统计数据表明，婴儿死亡率在不断下降。

婴儿死亡率在下降，儿童的发育条件也有了很大改观：孩子们身体更健康，精神更快乐，这正是科学传播和普及所带来的显著优势。妈妈们学会了现代卫生学的各种规则，并将这些规则用于育儿实践。很多新的育儿社会机构如雨后春笋般地涌现出来并逐步完善，这些机构的目的就是在孩子们的成长期间帮助并保护他们。

在这种大环境下，真正意义上的人类“新一代”就要诞生了，这“新一代”儿童的身体将发育得更好、更健康、更强壮，他们将能够抵御很多潜在的疾病。

科学是如何取得这些成效的呢？科学不仅为我们提供了一些非常简单的准则来尽可能地保证孩子们正常生活，还为我们提供了指令和指导原则来保证孩子们健康成长。比如，科学提倡母乳喂养，不使用襁褓束缚婴儿，提倡经常给孩子洗澡，多带孩子到户外活动，给孩子穿简单宽松的衣服，保证孩子有安静、充足的睡眠。同时，科学规则还规定，要根据孩子的生理需求合理安排食物摄入量。

即便如此，科学还没有带给人们一种全新的生活，妈妈们还是一如既往地忙着照顾自己的孩子，给孩子穿衣服，而如今的孩子们还是同以前的孩子们一样吃喝生活。

关键在于，同样是养儿育女，如果是盲目而无序地做，就可能导致孩子生病甚至死亡，但如果是理性而有序地做，就能够给孩子力量和生命。

科学所取得的巨大进步也许会误导我们，让我们误以为能够为孩子们做任何事情。

然而，我们需要仔细斟酌、反思一下：我们的孩子，难道仅仅是精心照料下不断成长和强壮的小小躯体吗？他们的人生目的难道仅仅是拥有一个外表好看的身体吗？

如果是那样的话，他们和那些我们所豢养的、为我们提供美食或劳作的动物有什么区别呢？

母亲的职责并不局限于此，抚养孩子所包含的内容很广泛，保证孩子身体健康仅仅是其中一部分。妈妈给孩子洗澡，将孩子放到婴儿车里推着他去公园玩耍，并不说明她完成了人类母亲的全部职责。鸡妈妈将小鸡们聚拢在一起玩耍，猫妈妈用舌头舔自己的小宝宝而悉心呵护，这些动物母亲照顾自己孩子的行为和人类母亲照顾自己孩子的行为在本质上并没有区别。

显然，做到这些是远远不够的，如果人类母亲仅仅做到这些，那她就是不称职的母亲，她就失去了人类的崇高理想，但她毕竟是人类母亲呀！

孩子不仅身体要健康成长，心灵也要健康成长。今天每个母亲都渴望陪伴心爱的孩子度过这段对于孩子来说神秘的心路历程，盼望孩子成长为聪明、杰出的人才。

科学显然没有完成这一使命，它刚刚在发展的道路上仅迈出了第一步——到目前为止，科学仅仅停留在能够保证人类身体健康这一阶段。科学还在继续前进，它已经改善了孩子们的生活，拯救了很多孩子的生命，但未来的使命是改善和提高孩子的内心生活，而这才是人类生活的本质。科学将沿着积极向上的轨道发展，指引人类开发婴儿时期隐藏的智慧、崇高的品德和潜在的创造力。

为了满足成长的生理需求，孩子的身体必须从外部获得食物和氧气。同样道理，为了根据成长规律而发展，孩子的精神也必须从外部环境中汲取赖以生存的养料。不可否认，身体成长发育本身就是一项伟大的工程。骨骼的坚固、整个身体的发育、大脑精细结构图的完善、牙齿的形成，等等，都是生理器官的辛苦劳动。这也是每个人在生长发育期必然经历的过程。

这种生理器官的辛苦劳动与人类所谓的外部劳动完全不同。外部劳动是指社会生产，即人们在学校里学习知识，在工作中运用智慧创造财富或者改善生活。

然而，把二者都定义为“劳动”也不太准确。事实上，在一些重要生理发育期，器官本身也能进行一些外部工作，有时候它的程度和难度过大，超过了人类个体的承受能力，以至于产生诸如过劳死的情况。

人总是能够利用他人的劳动来逃避外部劳动，但却无法逃避内心的思想劳动。人的生死是自然规律，每个人都无法逃避。内心的思想劳动如同生死，也必须由自己完成，这个无法避免的劳动就是儿童工作。

当我们说孩子们应该休息时，指的仅仅是儿童工作中的一个方面。我们的意思是孩子们应当从看得见的外部工作中停下来休息一会儿，因为在这些工作中，仅凭孩子那弱小的身材和单薄的力量，既无法对自己做出贡献，也无法为他人带来利益。

所以，我们刚才所说的观点也不是绝对的：事实上孩子们并没有休息，他是在进行一项自我完善的神秘的内心工作。他正在为成为一个真正的人而工作，但要完成这项任务，仅仅是身体长高是不够的，他还必须开发运动系统和神经系统的重要功能以及智力。

孩子需要具备的功能分为两大类：

第一类，运动神经系统功能。具备这些功能，孩子们可以保持平衡，学会走路，并协调各种肢体运动。

第二类，感官功能。具备这些功能，孩子们就能从他周围的环境中获得认知，通过不断的观察、比较和判断，为智力发展打下基础。这样，孩子就能逐渐熟悉周围的环境，开发自己的智力。

与此同时，孩子也在学习语言。他面对的不仅是发音、语句等所产生的运动神经方面的困难，还有理解名称和句法结构等智力方面的困难。

让我们想象一下一个刚刚移民到新国家的人，他对这个国家的商品、自然风貌、风俗习惯均一无所知，也不懂这个国家的语言，他该怎么办？在与这个国家的民众真正打交道之前，他必须做大量的由自己完成的适应工作，这些工作没有任何其他人能够替他去做，他必须自己观察、理解、记忆、形成判断，通过刻苦练习和长期实践掌握这门新语言。

对于新出生的孩子来说又何尝不是如此呢？这些小移民来到这个新的世界，本身非常弱小，器官都还未发育成熟，如何能在短时间内适应这个如此复杂的世界呢？

到目前为止，孩子们还没有得到合理的帮助来完成这项繁重的任务。我发现，孩子们的成长仍然停留在只能听天由命的阶段，婴儿死亡率时刻鞭笞着我们的心灵。

只有通过科学合理的方法，才能帮助孩子们完成心理适应这一内心工作，这与任何外部工作或外部生产完全不同。

这就是我提出的婴幼儿教育方法的目标所在。正是因为这点，本书所采用的某些原则及实际应用技巧并不是通用的，而是特别针对3～7岁的儿童，它们能满足儿童性格形成阶段的教育需要。

我们的教育方法，无论在内容还是目标上，都具有科学性。此教育方法，不仅仅满足于生理方面的指导，而且有助于孩子获得更高层次的进步。另外，此书还将补充一些保健法方面的知识，以前的保健法课程仅限于身体疗法的内容。

如果我们今天有正常儿童中出现的神经衰弱、语言障碍、感知能力和推理能力不足、缺乏个性等情况的统计数据，那么，利用这些数据和具有同样问题但却经过数年合理教育的孩子的统计数据进行对比，将会得出一个很有意思的结论。我们发现，在任何情况下，这些统计数据和现今的儿童死亡率下降及儿童体质改善的统计数据有着极大的相似之处。

教育小贴士：幼儿身心状况

目标1 具有健康的体态

3～4岁	4～5岁	5～6岁
1. 身高和体重适宜。参考标准： **男孩：** 身高：94.9～111.7厘米 体重：12.7～21.2公斤 **女孩：** 身高：94.1～111.3厘米 体重：12.3～21.5公斤 2. 在提醒下能自然坐直、站直。	1. 身高和体重适宜。参考标准： **男孩：** 身高：100.7～119.2厘米 体重：14.1～24.2公斤 **女孩：** 身高：99.9～118.9厘米 体重：13.7～24.9公斤 2. 在提醒下能保持正确的站、坐和行走姿势。	1. 身高和体重适宜。参考标准： **男孩：** 身高：106.1～125.8厘米 体重：15.9～27.1公斤 **女孩：** 身高：104.9～125.4厘米 体重：15.3～27.8公斤 2. 经常保持正确的站、坐和行走姿势。

教育建议：

1. 为幼儿提供营养丰富、健康的饮食。如：
    - 参照《中国孕期、哺乳期妇女和0～6岁儿童膳食指南》，为幼儿提供谷物、蔬菜、水果、肉、奶、蛋、豆制品等多样化的食物，均衡搭配。
    - 烹调方式要科学，尽量少煎炸、烧烤、腌制。
2. 保证幼儿每天睡11～12小时，其中午睡一般应达到2小时左右。午睡时间可根据幼儿的年龄、季节的变化和个体差异适当减少。
3. 注意幼儿的体态，帮助他们形成正确的姿势。如：

- 提醒幼儿要保持正确的站、坐、走姿势；发现有八字脚、罗圈腿、驼背等骨骼发育异常的情况，应及时就医矫治。
- 桌、椅和床要合适。椅子的高度以幼儿写画时双脚能自然着地、大腿基本保持水平状为宜；桌子的高度以写画时身体能坐直，不驼背、不耸肩为宜；床不宜过软。

4. 每年为幼儿进行健康检查。

目标2　情绪安定愉快

3～4岁	4～5岁	5～6岁
1. 情绪比较稳定，很少因一点小事哭闹不止。 2. 有比较强烈的情绪反应时，能在成人的安抚下逐渐平静下来。	1. 经常保持愉快的情绪，不高兴时能较快缓解。 2. 有比较强烈情绪反应时，能在成人提醒下逐渐平静下来。 3. 愿意把自己的情绪告诉亲近的人，一起分享快乐或求得安慰。	1. 经常保持愉快的情绪。知道引起自己某种情绪的原因，并努力缓解。 2. 表达情绪的方式比较适度，不乱发脾气。 3. 能随着活动的需要转换情绪和注意。

教育建议：

1. 营造温暖、轻松的心理环境，让幼儿形成安全感和信赖感。如：

- 保持良好的情绪状态，以积极、愉快的情绪影响幼儿。
- 以欣赏的态度对待幼儿。注意发现幼儿的优点，接纳他们的个体差异，不简单与同伴做横向比较。

- 幼儿做错事时要冷静处理，不厉声斥责，更不能打骂。

2. 帮助幼儿学会恰当表达和调控情绪。如：

- 成人用恰当的方式表达情绪，为幼儿做出榜样。如生气时不乱发脾气，不迁怒于人。
- 成人和幼儿一起谈论自己高兴或生气的事，鼓励幼儿与人分享自己的情绪。
- 允许幼儿表达自己的情绪，并给予适当的引导。如幼儿发脾气时不硬性压制，等其平静后告诉他什么行为是可以接受的。
- 发现幼儿不高兴时，主动询问情况，帮助他们化解消极情绪。

目标3　具有一定的适应能力

3~4岁	4~5岁	5~6岁
1. 能在较热或较冷的户外环境中活动。 2. 换新环境时情绪能较快稳定，睡眠、饮食基本正常。 3. 在帮助下能较快适应集体生活。	1. 能在较热或较冷的户外环境中连续活动半小时左右。 2. 换新环境时较少出现身体不适。 3. 能较快适应人际环境中发生的变化。如换了新老师能较快适应。	1. 能在较热或较冷的户外环境中连续活动半小时以上。 2. 天气变化时较少感冒，能适应车、船等交通工具造成的轻微颠簸。 3. 能较快融入新的人际关系环境。如换了新的幼儿园或班级能较快适应。

教育建议：

1. 保证幼儿的户外活动时间，提高幼儿适应季节变化的能力。

- 幼儿每天的户外活动时间一般不少于两小时，其中体育活动时间不少于1小时，季节交替时要坚持。
- 气温过热或过冷的季节或地区应因地制宜，选择温度适当的时间段开展户外活动，也可根据气温的变化和幼儿的个体差异，适当减少活动的时间。

2. 经常与幼儿玩拉手转圈、秋千、转椅等游戏活动，让幼儿适应轻微的摆动、颠簸、旋转，促进其平衡机能的发展。

3. 锻炼幼儿适应生活环境变化的能力。如：

- 注意观察幼儿在新环境中的饮食、睡眠、游戏等方面的情况，采取相应的措施帮助他们尽快适应新环境。
- 经常带幼儿接触不同的人际环境，如参加亲戚朋友聚会，多和不熟悉的小朋友玩，使幼儿较快适应新的人际关系。

第2章

我们的“儿童之家”

导读

幼儿的学习是以直接经验为基础，在游戏和日常生活中进行的。要珍视游戏和生活的独特价值，创设丰富的教育环境，合理安排一日生活，最大限度地支持和满足幼儿通过直接感知、实际操作和亲身体验获取经验的需要，切忌“拔苗助长”式的超前教育和强化训练。

“儿童之家”是一个能让儿童开展各种活动的场所，它没有固定的模式，而是根据学校的资金状况及所能提供的条件而设置。“儿童之家”应该是一个真正的家，由几个房间和一个花园组成，而孩子是这个家的主人。如果有一个带遮篷的花园，那就最理想了，这样孩子们就可以在花园里玩耍或睡觉，也可以把课桌搬到室外开展活动或者吃饭。也就是说，孩子们既可以在户外活动，又能免受风吹、日晒和雨淋。

“儿童之家”最主要的房间用来进行智力劳动，这也是唯一可以由孩子们自由支配的房间。如果资金及场地条件允许，可以增加一些其他的小房间，比如洗澡间、小餐厅、小客厅或公共休息室、手工房间、小健身房和卫生间。

这些房间内设施的特点应适合孩子，而不是大人。这些设施不仅包括针对孩子智力开发的教学用具，还包括管理小型家庭所需的整套家具。家具很轻，以便孩子们能够挪来挪去，将它们涂成浅色，方便孩子们用肥皂和水清洗。桌子很矮，大小各异，有

图1　教具柜

大的，也有小的，形状各式各样，包括正方形、矩形、圆形等。矩形的桌子最常用，因为它可以供两三个孩子同时使用。座位最好是木质的椅子，也可以是一些小的柳条扶手椅子和柳条沙发。

工作间里有两件家具不可缺少。一件是带门的长橱柜（见图1）。橱柜要低矮，这样，个子小的儿童也能够在橱柜顶上放置一些诸如小毯子和花儿之类的小物件。橱柜里放的教学用具，供所有孩子使用。

另一件家具是带有两三排小抽屉的衣柜，抽屉上都安有颜色鲜明的把手或者与抽屉的底色对比明显的把手，并贴上写着孩子名字的小卡片。每个孩子都有一个属于自己的抽屉，置放着个人物品。

房间的墙上应安装固定的黑板，黑板要挂得低一些，以便孩子们能够在上面写字、画画。墙上还应挂一些赏心悦目的艺术性图片，并且定期进行更换。图片可以是儿童画、家庭画、风景画、花卉水果画，也可以是《圣经》故事画和历史故事画。在孩子们的工作房里，一定要摆放一些观赏性植物或者开着花的植物。

工作间设施的另一部分是各种颜色的小块地毯，包括红色的、蓝色的、粉色的、绿色的、褐色的。孩子们可以将这些地毯铺在地板上，然后坐在上面，用教学用具“干活”。这样的房间要比一般教室大，不仅仅是因为这些小桌子和单个小椅子占据的空间更大，还因为房间里必须留出更大的空间，以便孩子们可以随意铺开地毯坐在上面“干活”。

起居室或者“俱乐部”，多多少少类似于客厅，孩子们在这里尽情玩耍，他们聊天、做游戏或听音乐等。在这些房间里，家具要布置得特别富有情趣。地上要摆放大小不同的小桌子、小椅子或沙发。墙上要安装各种形状、各种尺寸的小托架，上面摆满小雕像、艺术花瓶或者带框的相片。尤其重要的是，每个孩子都应该有一个小花盆，让他们在里面种植一些室内植物，在植物生长过程中进行照料和养护。起居室的桌子上应该摆放一些彩色的大相册，一些培养孩子耐心的游戏用具，或者各种各样的几何图形，这样，孩子们既可以拿它们来玩耍，也可以用它们组建各种图形。屋内最好有一架钢琴或者其他乐器，如果条件允许，放一架专门为孩子们定做的小型竖琴就更理想了。至此，起居室的设施就齐全了。在这个“俱乐部”里，老师有时候也可以讲讲故事，肯定会吸引小听众坐成一圈津津有味地来聆听的。

餐厅内的家具，除了桌子外，还要摆上所有孩子都能伸手可及的低矮碗柜，这样，孩子们就能够自己拿取杯子、盘子、勺子、刀叉、餐桌台布和餐巾。盘子一定要用瓷器制作，口杯和水杯一定要用玻璃制作，餐具中一定要有餐刀。

更衣室也是必不可少的。在更衣室里，每个孩子都要有自己的小衣柜或衣架。在房间中间，可以摆放一个简单的脸盆架，架上放一个小脸盆、一块香皂和一把指甲刀。靠墙的地方安装一个带有自来水水龙头的水槽，孩子们可以在这里接水、倒水。

在“儿童之家”的设施使用方面，并没有什么限制要求，因为所有事情都是孩子们自己做的。他们自己打扫房间，擦掉家具上的灰尘，擦亮瓷器，摆放桌子，收拾桌子，清洗小地毯并卷起来放好，洗一些小件的衣服，煮鸡蛋。至于个人的梳洗打扮，孩子们知道自己穿衣服、脱衣服。挂衣钩钉得很低，孩子们可以把衣服挂在上面。对于那些他们很在意的衣服，比如小围裙，他们会小心翼翼地叠起来，放在专门存放家用亚麻布等重要物品的衣柜中。

简而言之，现在儿童玩具的制作已经达到了尽善尽美的程度，孩子们可以拥有一个完全由自己支配的玩具小屋，小屋里有装着

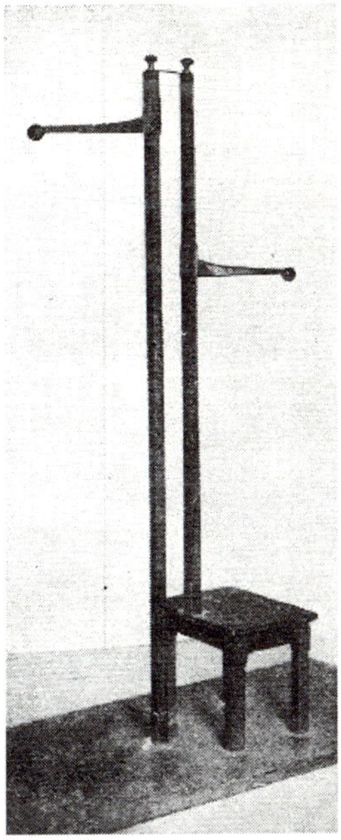

图2 蒙台梭利身高测量仪

玩具娃娃全套衣服的小衣柜，有假装做饭的小厨房，有栩栩如生的动物玩具，这样就能给孩子创造一个活生生的现实世界，使他成为自己生活舞台上的演员。

蒙台梭利身高测量仪也是“儿童之家”设施中的一部分，经过多次改良，这件仪器已经非常实用（参见图2）。

顾名思义，身高测量仪的目的就是测量孩子的身高。身高测量仪的底座是一块非常宽的矩形板，底座中央竖起两根木质标杆，两根标杆的顶部用一块扁平的金属片连接起来。每根标杆都连接一根水平金属棒，这就是指示器。指示器通过金属制作的外罩上下移动。指示器与外罩是由同一块金属片制成的，其末端固定着一个橡皮球。在身高测量仪的侧面，也就是在两根木质垂直标杆后面，还有一把木质的小椅子。两根高高的木质标杆上都标有刻度，其中，固定椅子的标杆上的刻度是从椅子面开始到标杆顶部；另一根标杆的刻度是从底座的木板开始到标杆的顶部，其高度为1.5米。有座椅的那根标杆测量孩子的坐高，而另一根标杆则测量孩子的整个身高。这个工具的实用价值是，当两个孩子都要测量身高的时候，如果能相互合作，就可以同时测量。

事实上，孩子们要学会自己脱掉鞋子，站到测量仪的正确位置上。他们可以毫不费力地上下移动金属指示器，指示器被金属外罩紧紧地固定住，即使是生手使用，也不会偏离水平方向。此外，指示器非常容易操作，花很小的力气就可以移动它。小橡皮球的作用是避免小孩子不小心把头碰到金属指示器时受到伤害。

孩子们都特别喜欢身高测量仪。“我们去量量身高好吗？”这是孩子们最喜欢的提议，一听到这个提议，一大群孩子就围了上来。他们也非常爱惜身高测量仪，给测量仪擦灰，把金属部分擦得锃亮。擦完后的测量仪既光滑又闪亮，这也是对孩子们细心呵护的回报。

身高测量仪代表了蒙氏教育法的科学性，因为它参考了对孩子们所进行的人类学和生理学研究。每个孩子都有自己的个人成长记录，这一记录记载了我在实施蒙氏教育法中所能观察到的孩子的每段成长过程。关于这一点，我在其他书中也有详细的论述。孩子们在身高测量仪上测量身高的系列场景已经拍成录像。在录像中，我们发现，即使是最小的孩子，也都自发地一个接一个地到身高测量仪上测量身高。

教育小贴士：生活习惯与生活能力

目标1　具有良好的生活与卫生习惯

3～4岁	4～5岁	5～6岁
1. 在提醒下，按时睡觉和起床，并能坚持午睡。 2. 喜欢参加体育活动。 3. 在引导下，不偏食、挑食。喜欢吃瓜果、蔬菜等新鲜食品。 4. 愿意饮用白开水，不贪喝饮料。 5. 不用脏手揉眼睛，连续看电视等不超过15分钟。 6. 在提醒下，每天早晚刷牙、饭前便后洗手。	1. 每天按时睡觉和起床，并能坚持午睡。 2. 喜欢参加体育活动。 3. 不偏食、挑食，不暴饮暴食。喜欢吃瓜果、蔬菜等新鲜食品。 4. 常喝白开水，不贪喝饮料。 5. 知道保护眼睛，不在光线过强或过暗的地方看书，连续看电视等不超过20分钟。 6. 每天早晚刷牙、饭前便后洗手，方法基本正确。	1. 养成每天按时睡觉和起床的习惯。 2. 能主动参加体育活动。 3. 吃东西时细嚼慢咽。 4. 主动饮用白开水，不贪喝饮料。 5. 主动保护眼睛。不在光线过强或过暗的地方看书，连续看电视等不超过30分钟。 6. 每天早晚主动刷牙，饭前便后主动洗手，方法正确。

教育建议：

1. 让幼儿保持有规律的生活，养成良好的作息习惯。如：早睡早起、每天午睡、按时进餐、吃好早餐等。

2. 帮助幼儿养成良好的饮食习惯。如：

- 合理安排餐点，帮助幼儿养成定点、定时、定量进餐的习惯。
- 帮助幼儿了解食物的营养价值，引导他们不偏食不挑食、少吃或不吃不利于健康的食品；多喝白开水，少喝饮料。

- 吃饭时不过分催促，提醒幼儿细嚼慢咽，不要边吃边玩。

3. 帮助幼儿养成良好的个人卫生习惯。如：

- 早晚刷牙、饭后漱口。
- 勤为幼儿洗澡、换衣服、剪指甲。
- 提醒幼儿保护五官，如不乱挖耳朵、鼻孔，看电视时保持3米左右的距离等。

4. 激发幼儿参加体育活动的兴趣，养成锻炼的习惯。如：

- 为幼儿准备多种体育活动材料，鼓励他选择自己喜欢的材料开展活动。
- 经常和幼儿一起在户外运动和游戏，鼓励幼儿和同伴一起开展体育活动。
- 和幼儿一起观看体育比赛或有关体育赛事的电视节目，培养他对体育活动的兴趣。

目标2　具有基本的生活自理能力

3～4岁	4～5岁	5～6岁
1. 在帮助下能穿脱衣服或鞋袜。 2. 能将玩具和图书放回原处。	1. 能自己穿脱衣服、鞋袜、扣纽扣。 2. 能整理自己的物品。	1. 能知道根据冷热增减衣服。 2. 会自己系鞋带。 3. 能按类别整理好自己的物品。

教育建议：

1. 鼓励幼儿做力所能及的事情，对幼儿的尝试与努力给予肯定，不因做不好或做得慢而包办代替。
2. 指导幼儿学习和掌握生活自理的基本方法，如穿脱衣服和鞋袜、洗手洗脸、擦鼻涕、擦屁股的正确方法。
3. 提供有利于幼儿生活自理的条件。如：
   - 提供一些纸箱、盒子，供幼儿收拾和存放自己的玩具、图书或生活用品等。
   - 幼儿的衣服、鞋子等要简单实用，便于自己穿脱。

目标3　具备基本的安全知识和自我保护能力

3～4岁	4～5岁	5～6岁
1. 不吃陌生人给的东西，不跟陌生人走。 2. 在提醒下能注意安全，不做危险的事。 3. 在公共场所走失时，能向警察或有关人员说出自己和家长的名字、电话号码等简单信息。	1. 知道在公共场合不远离成人的视线单独活动。 2. 认识常见的安全标志，能遵守安全规则。 3. 运动时能主动躲避危险。 4. 知道简单的求助方式。	1. 未经大人允许不给陌生人开门。 2. 能自觉遵守基本的安全规则和交通规则。 3. 运动时能注意安全，不给他人造成危险。 4. 知道一些基本的防灾知识。

教育建议：

1. 创设安全的生活环境，提供必要的保护措施。如：

- 要把热水瓶、药品、火柴、刀具等物品放到幼儿够不到的地方；阳台或窗台要有安全保护措施；要使用安全的电源插座等。
- 在公共场所要注意照看好幼儿；幼儿乘车、乘电梯时要有成人陪伴；不把幼儿单独留在家里或汽车里等。

2. 结合生活实际对幼儿进行安全教育。如：

- 外出时，提醒幼儿要紧跟成人，不远离成人的视线，不跟陌生人走，不吃陌生人给的东西；不在河边和马路边玩耍；要遵守交通规则等。
- 帮助幼儿了解周围环境中不安全的事物，不做危险的事。如不动热水壶，不玩火柴或打火机，不摸电源插座，不攀爬窗户或阳台等。

- 帮助幼儿认识常见的安全标识，如：小心触电、小心有毒、禁止下河游泳、紧急出口等。
- 告诉幼儿不允许别人触摸自己的隐私部位。

3. 教给幼儿简单的自救和求救的方法。如：

- 记住自己家庭的住址、电话号码、父母的姓名和单位，一旦走失时知道向成人求助，并能提供必要信息。
- 遇到火灾或其他紧急情况时，知道要拨打110、120、119等求救电话。
- 可利用图书、音像等材料对幼儿进行逃生和求救方面的教育，并运用游戏方式模拟练习。
- 幼儿园应定期进行火灾、地震等自然灾害的逃生演习。

第3章

教学方法

导读

简言之，幼儿的发展是一个整体、持续、渐进的过程，要注重各方面的相互渗透和整合，也要充分理解和尊重发展进程中的个体差异，支持和引导他们按照自身的速度和方式，在原有水平上提升。因此，幼儿的教学方法应以为他们后继学习和终身发展奠定良好素质基础为目标，以促进他们德、智、体、美各方面的协调发展为核心，了解幼儿学习和发展的基本规律和特点，建立对幼儿发展的合理期望，实施科学的保育和教育，让幼儿度过快乐而有意义的童年。

我的教学方法遵循了儿童生理与心理发展的自然规律，大致可以分为以下三部分：

1. 运动神经训练；

2. 感官训练；

3. 语言训练。

对孩子们的照顾以及对孩子们所处周围环境的管理，为我们提供了运动神经训练的主要途径，而感官训练和语言训练则需要借助教学用具来实现。

对孩子进行感官训练的教学用具包括：

1. 三套立体插件；

2. 三套尺寸不同的积木，包括：

（1）粉红色立方体；

（2）棕色棱柱；

（3）绿色、红蓝相间的小棒。

3. 各种几何立体图形积木（棱柱、棱锥体、球体、圆柱体、圆锥体等）；

4. 表面粗糙和表面光滑的矩形板；

5. 各种材料；

6. 不同重量的小木块；

7. 两个盒子，每个盒子都装有64块不同颜色的方块；

8. 装有平面插件的抽屉柜；

9. 贴有纸质几何图形的三套系列卡片；

10. 一套圆柱形的密封盒子（用于声音训练）；

11. 两套音乐钟，画有五线谱的木板，用于标音符的小圆片。

用于准备书写和算术的教学用具包括：

1. 两张有坡度的桌子和各种金属插件；

2. 粘有砂纸字母的卡片；

3. 两套尺寸不同的彩色纸板字母表；

4. 一套印有砂纸数字的卡片（1、2、3等）；

5. 一套有光滑纸数字的大卡片，用于10以上的数字计算；

6. 两盒用于计数的小棒；

7. 一册与教学方法配套的图画本和一些彩色铅笔；

8. 练习系鞋带、系扣子的木框，用于训练手部活动。

教育小贴士：科学探究方法

目标：亲近自然，喜欢探究

3～4岁	4～5岁	5～6岁
1. 喜欢接触大自然，对周围的很多事物和现象感兴趣。 2. 经常问各种问题，或好奇地摆弄物品。	1. 喜欢接触新事物，经常问一些与新事物有关的问题。 2. 常常动手动脑探索物体和材料，并乐在其中。	1. 对自己感兴趣的问题总是刨根问底。 2. 能经常动手动脑寻找问题的答案。 3. 探索中有所发现时感到兴奋和满足。

教育建议：

1. 经常带幼儿接触大自然，激发其好奇心与探究欲望。如：

- 为幼儿提供一些有趣的探究工具，用自己的好奇心和探究积极性感染和带动幼儿。
- 和幼儿一起发现并分享周围新奇、有趣的事物或现象，一起寻找问题的答案。
- 通过拍照和画图等方式保留和积累有趣的探索与发现。

2. 真诚地接纳、多方面支持和鼓励幼儿的探索行为。如：

- 认真对待幼儿的问题，引导他们猜一猜、想一想，有条件时和幼儿一起做一些简易的调查或有趣的小实验。
- 容忍幼儿因探究而弄脏、弄乱甚至破坏物品的行为，引导他们活动后做好整理工作。

- 多为幼儿选择一些能操作、多变化、多功能的玩具材料或废旧材料，在保证安全的前提下，鼓励幼儿拆装或动手自制玩具。

第4章

运动神经训练

导读

健康是指人在身体、心理和社会适应方面的良好状态。幼儿阶段是儿童身体发育和机能发展极为迅速的时期，也是形成安全感和乐观态度的重要阶段。发育良好的身体、愉快的情绪、强健的体质、协调的动作、良好的生活习惯和基本生活能力是幼儿身心健康的重要标志，也是其他领域学习与发展的基础。而身体的健康成长，更是最基本的标志。

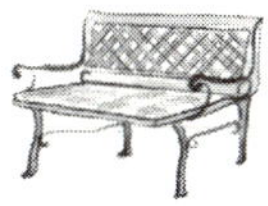

运动神经的训练过程十分复杂，因为这种训练必须与孩子生理机能所必须要建立的协调运动相匹配。如果没人指导，孩子的运动就会混乱无序，而这种混乱无序的运动正是孩子们的特性。事实上，孩子们总是闲不住，什么都摸，这就形成了孩子们特有的所谓无法无天和调皮捣蛋的特点。

大人们通常会限制孩子的这些活动，重复那句单调而无用的“别乱动”来管教孩子。事实上，孩子们在通过这些活动探索一种真正的运动，一种有组织的、和谐的、对人类有用的运动。因此，我们不要试图遏制孩子的运动，相反，我们应当“命令”孩子运动，引导孩子朝着目标发展的方向进行有组织的运动，这才是这个年龄段的孩子肌肉训练的目的。一旦获得了正确的指令，孩子们就会朝着一个正确的目标发展，成为一个活跃的运动者，安静而满足地成长。“儿童之家”的孩子之所以训练有素，其中一个主要原因就是这种运动神经的教育方法。关于这个主题，我在其他书中已经做了详细论述。

肌肉训练包括以下七个方面：

1. 日常生活中的基本运动（走路、站立、坐、手工操作）；

2. 照顾他人；

3. 做家务；

4. 园艺劳动；

5. 手工劳动；

6. 体育锻炼；

7. 韵律活动。

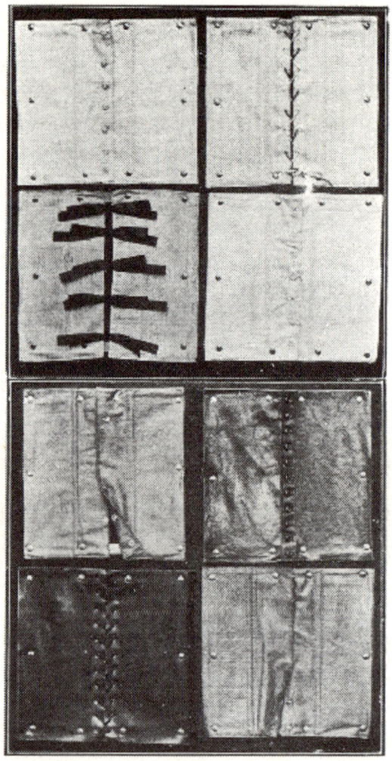

图3 用于练习系鞋带和扣子的木框

照顾自己的第一步，就是学会自己穿衣服、脱衣服。为此，我的教学用具中有很多帮助孩子训练的方框，方框里有很多布料、皮革等材料。这些教学材料能训练孩子们系扣子、挂挂钩、系鞋带等。事实上，这个教学用具包括了人类发明的所有系衣服扣子和鞋带的方法（见图3）。

老师坐在孩子的旁边，有目的地、慢慢地给孩子演示各种手指的必要动作，把手指的动作分成若干部分，让孩子们看得更清楚、更仔细。

举例来说，练习的第一个步骤就是将方框上的两块布进行调整，从上到下将边缘对齐。如果是在扣扣子的方框上练习，教师就要将这个动作分成几段演示。教师先拿着纽扣，将纽扣对准扣眼，将纽扣安进扣眼里，最后扣好以后调整纽扣的位置。同样，在教孩子打蝴蝶结时，老师也要将整个过程分成几个阶段，先是系丝带，然后一步步打蝴蝶结。

有一个录像，记录了老师教孩子打蝴蝶结的整个过程。这样的课程并不是所有的孩子都需要参加，因为他们可以自愿地向其他孩子学习。当自愿向其他孩子学习时，他们非常有耐心，会仔细分析每个动作，一步一步地、慢慢地、认真地照着做。

图4 孩子在练习系扣子

孩子们可以选择一个比较舒适的姿势坐着，在桌子上手持方框进行练习（见图4）。孩子在同一个方框上兴致勃勃地一遍又一遍地系扣子、解扣子，他的双手变得非常灵巧，一旦有机会看到真正的衣服，就特别渴望自己亲手系扣子。我们发现，就连最小的孩子也特别渴望自己穿衣服，并且还帮助其他小朋友。他们在穿衣中寻求一种满足感，并竭尽全力阻止大人帮助他们。

在教孩子从事譬如清洗、摆放桌子等较大的活动时，也可以采用同样的方式。刚开始时，老师必须参与指导。在教孩子的过程中，老师尽量少说话或者干脆不说话，但演示动作必须准确。老师要教会孩子所有的动作：怎样坐下，怎样起立，怎样拿起物品，怎样放下物品，怎样有礼貌地将物品递给别人。老师可以采用同样的方法，教孩子们如何将盘子一个个摞起来，放到桌子上，并且不弄出任何声音。

孩子们在练习这些动作时，不仅学得很轻松，而且表现出极大的兴趣和令人惊讶的专注力。如果班级的孩子很多，则有必要让孩子们轮流练习做一些家务活，譬如上菜、洗盘子等。孩子们乐意遵守这种轮流制度。我们没有必要强迫孩子们必须干这个活儿或者那个活儿，因为孩子们会自发地去做，即使两岁半的小孩子也会主动完成自己的任务。我们经常会看到令人感动的一幕：孩子们努力地去模仿他人，去回忆动作，并最终克服了一切困难。有一次，纽约市的雅各布教授就目睹了一个令他大为感动的场景：那是一个不到两岁的孩子，看起来也不怎么聪明，因为忘了叉子应该放左手边还是右手边，站在那里直愣神。他站在那里很长时间，很显然在调动自己的所有脑细胞思考。其他年龄大一些的孩子，带着钦佩的目光看着他在那里使劲思考。像我们一样，孩子们也在为眼前同伴的成长而惊叹！

老师的指导仅仅是一种暗示，一种点拨，但这足以让孩子有个良好的开端。接下来，就让孩子自我发展。孩子们相互学习，全身心地投入到工作中，既充满热情，又满怀喜悦。这种宁静的气氛培养了孩子们的合作精神以及相互帮助的观念，其中最美好的事情是，稍大一些的孩子会处处关心和指导比他们小一些的孩子。如果能让孩子处于这样一种宁静、和平的环境中，就足以让他有家的感觉了。在我们的录像中，大家可以看到“儿童之家”的实际活动。孩子们四处走动，每个人都忙着自己手里的活儿，而老师只是站在角落里静静地观察、照看。录像中也有一些镜头，拍摄了孩子们照顾“儿童之家”的活动，也就是说，孩子们不仅照顾自己和同伴，而且还照顾周围的环境。我们看到他们在洗脸，擦鞋，清洁家具，擦亮身高测量仪的金属指示器，清洗地毯等。在摆放饭桌时，孩子们自行分工，有端盘子的，有拿勺的，有拿刀叉的，都各自静静地完成自己的工作，等我们的小服务员们端上热汤后，他们便全部就座了。

再强调一次，孩子们特别喜欢园艺活动和手工劳动。园艺活动早已成为幼儿教育的一个显著特色，人们对“植物和小动物能够吸引孩子的注意力”这一观点也早已达成共识。“儿童之家”

在这方面借鉴了很多学校的长处，这些学校都或多或少地从儿童园艺专家莱特夫人那里获得了灵感。

至于手工训练，我们选择了泥塑手工活儿，包括用泥土制作小瓦块、花瓶和砖块等。在制作这些东西时，我们可以借助像模子一样的简单工具。制作的目的就是完成整个制作过程，最后，孩子们制作的各种小手工艺品都要上釉并放进火炉中烘烤。孩子们学着将自己制作的各种白色或彩色的瓦块排成一堵墙，或者用灰泥和小铲子，把自己制作的小砖块铺在地板上。他们也挖地基，用自己制作的砖块垒几段围墙，或者给小鸡建一间完整的房子。

对孩子进行运动神经训练最重要的活动是沿线走。线一般是用粉笔或者绘画笔在一大块地板上画出来的。有时候，也可以画两个同心椭圆取代线。要教孩子们像杂技演员走钢丝那样，前脚接后脚地沿着线走，有时候他们会像走钢丝的杂技演员一样努力维持平衡，唯一与演员不同的是，他们不用担心自己会有什么危险，因为这是一根画在地板上的“钢丝”。老师自己先做演示，清楚地展示如何沿线走，不必讲话，只管让孩子们模仿。刚开始时，只有几个孩子能够跟上他，等他展示完整个过程后就退出，放手让孩子们自己去练习。

大部分孩子会继续走下去，模仿着老师刚才的示范动作，极其小心地调整自己的步伐，努力保持平衡，不走出线外。其他孩子先是观看，慢慢地，也聚拢过来，加入到了队伍中。很快，两条椭圆形的线上或单行线上站满了孩子，他们都沿着线一直朝前走，努力保持平衡，神情专注地看着自己的双脚，生怕走错一步。

这时候，可以配上某种音乐，音乐应当是非常简单的进行曲，节奏开始时不要太明显，要与孩子的行走速度相匹配，以此激发孩子自发努力的意识。

当孩子们通过这种方式学会保持平衡后，他们走路的姿态就达到了完美的标准：不仅步伐安全、稳重，而且体态优雅。沿线走的训练可以通过多种方式复杂化，最初的方法是做韵律练习，即用钢琴弹奏进行曲给孩子伴奏，几天内重复播放同一首进行曲，最终孩子们就会熟悉节拍，自动跟着走动。也可以播放歌曲，让孩子们跟着歌曲练习沿线走。

渐渐地，孩子们听懂音乐了。最后，就像在华盛顿市乔治小姐的学校一样，孩子们能够一边唱歌，一边用教学用具进行各种运动练习，“儿童之家”便成了快乐的嗡嗡响的“小蜜蜂房”。

正如我在《蒙台梭利早期教育法》一书中所论述的那样，小健身房中有一件设施尤其实用，那就是栅栏。孩子们可以双手握住栅栏把自己吊起来，让双腿从沉重的身体中解放出来，同时锻炼臂力。栅栏还有另一个优势，就是用来放在花园中进行空间隔离。比如，我们可以用栅栏将花园花苗栽培区和花园小路隔开，从而不会影响花园的美观。

教育小贴士：幼儿动作发展

目标1　具有一定的平衡能力，动作协调、灵敏

3～4岁	4～5岁	5～6岁
1. 能沿地面直线或在较窄的低矮物体上走一段距离。 2. 能双脚灵活交替上下楼梯。 3. 能身体平稳地双脚连续向前跳。 4. 分散跑时能躲避他人的碰撞。 5. 能双手向上抛球。	1. 能在较窄的低矮物体上平稳地走一段距离。 2. 能以匍匐、膝盖悬空等多种方式钻爬。 3. 能助跑跨跳过一定距离，或助跑跨跳过一定高度的物体。 4. 能与他人玩追逐、躲闪跑的游戏。 5. 能连续自抛自接球。	1. 能在斜坡、荡桥和有一定间隔的物体上较平稳地行走。 2. 能以手脚并用的方式安全地爬攀登架、网等。 3. 能连续跳绳。 4. 能躲避他人滚过来的球或扔过来的沙包。 5. 能连续拍球。

教育建议：

1. 利用多种活动发展身体平衡和协调能力。如：

- 走平衡木，或沿着地面直线、田埂行走。
- 玩跳房子、踢毽子、蒙眼走路、踩小高跷等游戏活动。

2. 发展幼儿动作的协调性和灵活性。如：

- 鼓励幼儿进行跑跳、钻爬、攀登、投掷、拍球等活动。

- 玩跳竹竿、滚铁环等传统体育游戏。

3. 对于拍球、跳绳等技能性活动，不要过于要求数量，更不能机械训练。

4. 结合活动内容对幼儿进行安全教育，注重在活动中培养幼儿的自我保护能力。

目标2　具有一定的力量和耐力

3～4岁	4～5岁	5～6岁
1. 能双手抓杠悬空吊起10秒左右。 2. 能单手将沙包向前投掷2米左右。 3. 能单脚连续向前跳2米左右。 4. 能快跑15米左右。 5. 能行走1公里左右（途中可适当停歇）。	1. 能双手抓杠悬空吊起15秒左右。 2. 能单手将沙包向前投掷4米左右。 3. 能单脚连续向前跳5米左右。 4. 能快跑20米左右。 5. 能连续行走1.5公里左右（途中可适当停歇）。	1. 能双手抓杠悬空吊起20秒左右。 2. 能单手将沙包向前投掷5米左右。 3. 能单脚连续向前跳8米左右。 4. 能快跑25米左右。 5. 能连续行走1.5公里以上（途中可适当停歇）。

教育建议：

1. 开展丰富多样、适合幼儿年龄特点的各种身体活动，如走、跑、跳、攀、爬等，鼓励幼儿坚持下来，不怕累。

2. 日常生活中鼓励幼儿多走路、少坐车；自己上下楼梯、自己背包。

目标3 手的动作灵活协调

3～4岁	4～5岁	5～6岁
1. 能用笔涂涂画画。 2. 能熟练地用勺子吃饭。 3. 能用剪刀沿直线剪，边线基本吻合。	1. 能沿边线较直地画出简单图形，或能沿边线基本对齐地折纸。 2. 会用筷子吃饭。 3. 能沿轮廓线剪出由直线构成的简单图形，边线吻合。	1. 能根据需要画出图形，线条基本平滑。 2. 能熟练使用筷子。 3. 能沿轮廓线剪出由曲线构成的简单图形，边线吻合且平滑。 4. 能使用简单的劳动工具或用具。

教育建议：

1. 创造条件和机会，促进幼儿手的动作灵活协调。如：

- 提供画笔、剪刀、纸张、泥团等工具和材料，或充分利用各种自然、废旧材料和常见物品，让幼儿进行画、剪、折、粘等美工活动。
- 引导幼儿生活自理或参与家务劳动，发展其手的动作。如练习自己用筷子吃饭、扣扣子，帮助家人择菜叶、做面食等。
- 幼儿园在布置娃娃家、商店等活动区时，多提供原材料和半成品，让幼儿有更多机会参与制作活动。

2. 引导幼儿注意活动安全。如：

- 为幼儿提供的塑料粒、珠子等活动材料要足够大，材质要安全，以免造成异物进入气管、铅中毒等伤害。提供幼儿用安全剪刀。

- 为幼儿示范拿筷子、握笔的正确姿势以及使用剪刀、锤子等工具的方法。
- 提醒幼儿不要拿剪刀等锋利工具玩耍，用完后要放回原处。

第5章

感官训练

导读

幼儿的思维特点是以具体形象思维为主，应引导幼儿通过直接感知、亲身体验和实际操作进行感官训练。运用恰当的教学用具来引导幼儿通过观察、比较、操作、实验等方法，来发现问题、分析问题和解决问题，充分锻炼幼儿的感官功能。更重要的是，帮助幼儿不断积累经验，并运用于新的学习活动，形成受益终身的学习态度和能力。

我的教学用具为孩子们提供了感官训练的方法。

在我的工具箱中，可能会吸引两岁半到三岁孩子注意力的三件物品是三套木质立体物，每套都插有一排数量为十的小圆柱体，或者可能是圆面，所有圆柱体上都装有一个圆顶把手。在第一套中，所有的圆柱体高度相同，但是直径依次递减（见图5）。在第二套中，所有的圆柱体无论高度和直径全部依次递减，因此体积由大到小逐渐减小，但是形状不变（见图6）。最后，在第三套中，圆柱体直径相同，高度不同，这样，随着高度的减小，圆柱体逐渐变成了一个小圆盘（见图7）。

第一组圆柱体有两个要素（直径和底面积）不同，第二组圆柱体三要素（直径、底面积和高度）都不同，第三组的圆柱体只有一个要素（高度）不同。三种圆柱体的顺序是由孩子做练习的难易程度决定的。

这个练习有三个步骤：先取出所有圆柱体，打乱顺序后放在一起，最后让孩子们把它们重新放回原处。孩子们可以舒舒服服

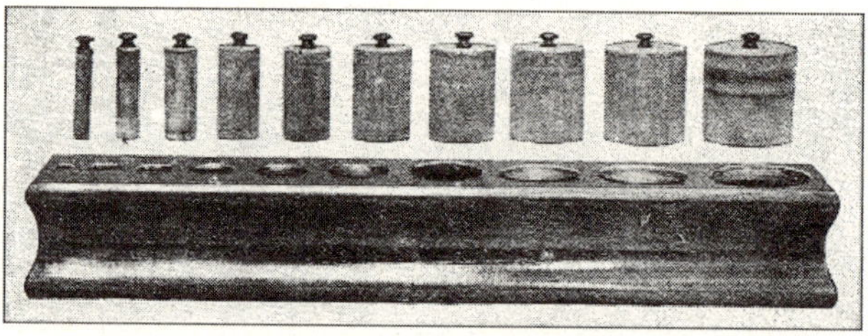

图5 直径递减的圆柱体

图6 直径与高度都递减的圆柱体

图7 高度递减的圆柱体

地坐在小桌子旁进行练习。他们先用一两根手指头捏住小圆柱体，将它们取出，再轻轻移动手和胳膊将不同大小的圆柱体顺序打乱放在一起，在移动的过程中不让它们掉到地面上，也不要发出噪音，最后再将它们放回原处，这些细小的动作可以用来锻炼小手的灵活度。

一开始进行这项训练时，老师可以先做一个示范。老师要做的只是取出圆柱体，将它们打乱顺序放在桌子上，告诉孩子们如何将圆柱体放回原处，老师本人并不需要亲自将圆柱体放回原位。但事实上，这样的示范是没有必要的，因为当孩子们看到同伴如何操作时，他们就会主动去模仿。

图8　孩子正在用圆柱体插件练习

孩子们喜欢独自一人完成这样的训练。所以，有时候他们会担心训练时有人来插手（见图8）。

那么，孩子们是怎样把桌子上的小圆柱体放回原位的呢？一开始他只是尝试一下。

通常他会把一个较大的圆柱体放进较小的插孔上，因为放不进，他就只能放到其他孔里，尝试了几次以后，他才成功。还会出现相反的情况，也就是说，较小的圆柱体一下子就被塞到了一个较大的插孔里。这样的话，这个圆柱体就占了一个原本不属于它的插孔，到最后，总会有一个圆柱体找不到自己合适的插孔，而属于最后这个插孔的圆柱体也不知道放到哪个孔里去了。这时候孩子会自发地认识到错误，他会迷惑不解，虽然小脑袋想不通，但却对此很有兴趣。之前放进去的圆柱都正合适，唯独这个不行。孩子停下来，皱着眉头仔细思考。他开始试探小圆柱体并且发现一些已经放进圆柱的插孔里还留有太多的空间。他想可能这是因为它们被放错了位置，因此试着将它们放回原位。他一遍遍重复这个过程，最后终于成功了，他脸上浮现出胜利的笑容。这种训练能开发孩子的智力，一旦有了经验，他就会不断尝试。三岁到三岁半的孩子在进行这项训练时，常常会兴致盎然地尝试好几十次。

当第二组和第三组圆柱放在孩子面前时，圆柱形状的改变会再次激发孩子的兴趣。

这个训练有助于锻炼孩子用眼睛区分物体大小的能力，使孩子能一眼看出，他手上拿着的圆柱究竟应该放在大一些还是小一些的插孔里。教育方法就是建立在这样的基础上：教学用具本身就可以控制错误的产生，所以孩子们在操作中能够自己判断操作是否正确。

孩子们渴望通过努力得出正确答案，这引导他们不断更正错误。真正让孩子发现并改正错误的不是老师，而是孩子自身的智力。

这就是孩子们自我教育的开始。

这个训练的目的并不像表面的那样简单，也就是说，不是要孩子学会怎样放置圆柱，而是让他们学会如何进行练习。它内在、深层次的目的是，让孩子学会观察事物，引导他对不同物体进行比较，形成判断，最终推理得出结论。正是在这种多次重复中，孩子们的注意力越来越集中，他们的智力也会得到真正的锻炼和发展。

圆柱体的训练之后，可继续进行三套立方体的训练。

第一套：十块被染成粉色的木质立方体，其边长由十厘米递减到一厘米（见图9）。

孩子用这些立方体垒成一个塔。首先他把最大的那块放在地毯上，然后按照立方体尺寸的大小顺序，依次往上摆，最后在塔顶

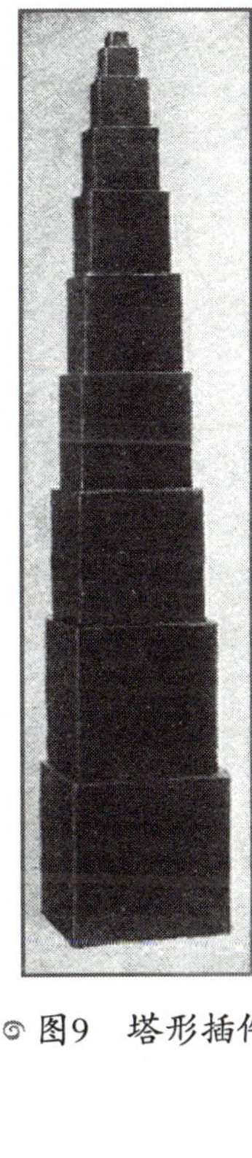

图9　塔形插件

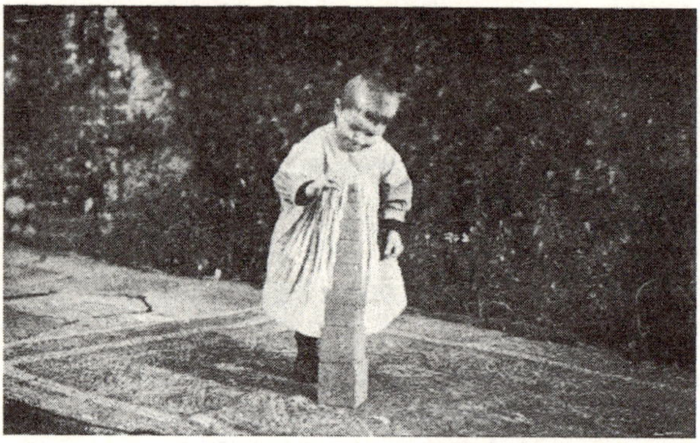

图10　孩子正在垒塔

摆上最小的一块（见图10）。孩子垒成塔后，用手一推，将塔推倒。这样立方体就散落在地毯上，然后他又开始重新垒放。

第二套：十个棕色木质立方体。立方体木块长二十厘米，其横截面正方形的边长从十厘米依次减小，最后缩小到最小的一厘米（见图11）。

孩子把这十个立方体散放在浅色地毯上，他可以先从最粗的立方体开始摆放，也可以从最细的开始，将它们按照从大到小或者从小到大的顺序摆好。

第三套：十根绿色木块或十根红蓝交替的木块。每个木块都有相同的方形切面，每个截面，边长都为四厘米，但木块高度却从一米递减到十厘米，从左到右每个相差十厘米（见图12）。

孩子把这十根木块散放在一块大地毯上，将木块的顺序打乱。

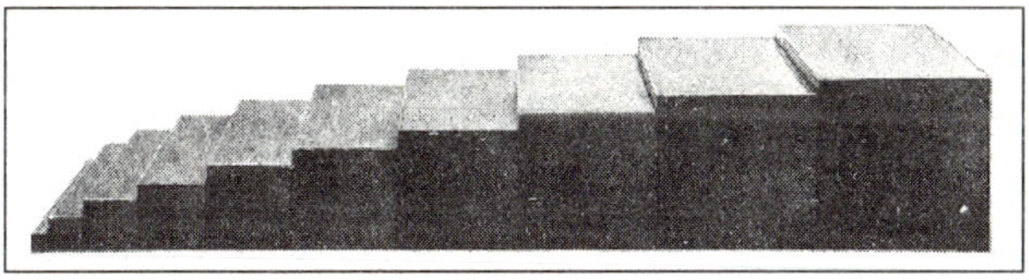

◎ 图11　孩子们搭建的宽楼梯

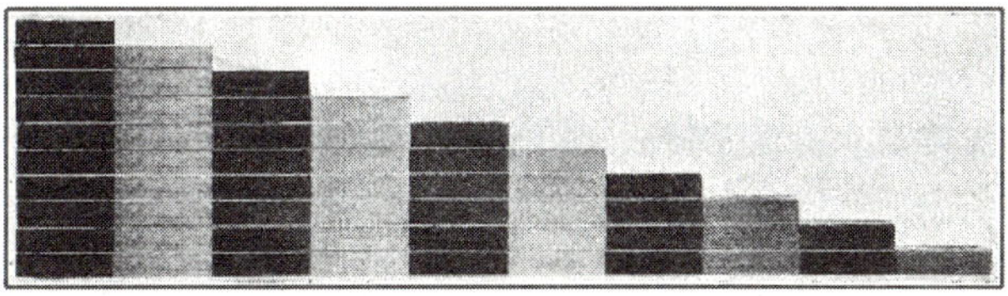

◎ 图12　孩子们搭建的长楼梯

通过比较大小、长短，孩子们能有序排列这些木块，最后排出一个管风琴的形状。

像往常一样，老师先通过示范，向孩子们演示每一部分该如何排放，但通常对于孩子来说，他并不是通过观察老师的示范而是通过观察同伴来学习的。然而，老师仍要继续观察孩子们的举动，不能忽视他们的每一次尝试，只需告诉孩子们不要乱扔教学用具，但并不需要纠正他们在摆木块过程中出现的错误。有时候，孩子在摆弄这些长条木块时会犯一些非常明显的错误。例如，他们会将小立方体放在大立方体的下面，而造成这种错误的原因在于他们缺乏相应的知识，只要不断训练并提高观察力，他们迟早能主动纠正错误。同样，这项训练的真正意图并不是要求孩子按照正确的大小顺序将木块排序，而是锻炼孩子自己动手的操作能力，因此老师不必插手纠正。

终有一天，孩子会将所有木块按照正确顺序排列出来，会兴高采烈地让老师来欣赏自己的作品。这时，练习的目的就达到了。

对于一个孩子来说，他的小手很难将立方体、棱柱体和木块这些大东西抓起来，因此只能靠搬、抬或者扛。反复操作这些用具可以锻炼他判断相似事物不同大小的能力。从感官的角度来说，这种训练看起来要比前面那些圆柱体的训练简单些。

但事实上，这组摆放木块的训练难度更大。因为这组训练的教学用具本身并不能控制错误的发生，孩子们只能靠自己的眼睛来判断是否出错。

因此，这组训练的教学用具应该让孩子们一眼就看出它们的大小差别，考虑到这一点，我们选用了体积较大的实木块，同时，作为这个训练的先决条件，孩子们也必须具备一些观察力（观察力可以通过圆柱体插孔训练获得）。

在此期间，孩子们还可以做其他训练。我们准备了一个小的矩形板，矩形板的表面被分成了两部分——粗糙面和光滑面（见图13）。孩子们已经学会了如何用冷水和肥皂洗手，他们洗完手后把手擦干，把手指放在温水里泡几秒钟。这种训练非常重要，

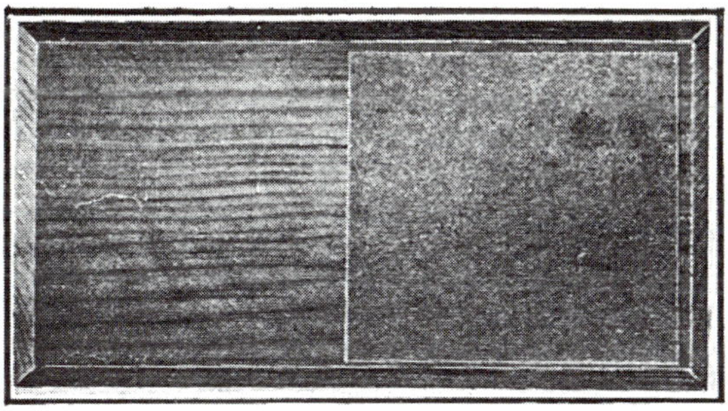

◎图13　带有磨砂面和光滑面的触觉板

因为它使孩子们对温度的感觉更加敏锐，这在《蒙台梭利早期教育法》一书中有详细的论述。

然后，老师会教孩子用柔软的小手指尖轻轻地触摸两个不同的表面，感觉两者的差异。小手悬在木板上方，轻轻地来回移动，轻触木板表面，这也是培养孩子控制力度的最佳训练。那些小手，刚刚被洗干净并且在温水里浸过，既干净又漂亮，这就是我所说的触觉练习的第一步，这个练习在我的方法里占有重要地位。

刚一开始教孩子触摸物体时，老师一定要积极地参与，不仅要告诉孩子如何去做，而且还要具体示范。他应该握住孩子的小手，让小手的指尖轻轻地触碰物体的表面，在这个过程中不用做出任何解释，只需鼓励孩子们用小手触摸从而获得不同的感觉。

一旦孩子们感受到不同，他就会按照老师教的方法重复这些动作。

在孩子们摸了有光滑面和粗糙面的矩形板之后，他们会得到另外一张板。这张板上粘着一排小纸条，每张小纸条的光滑程度不同（见图14）。

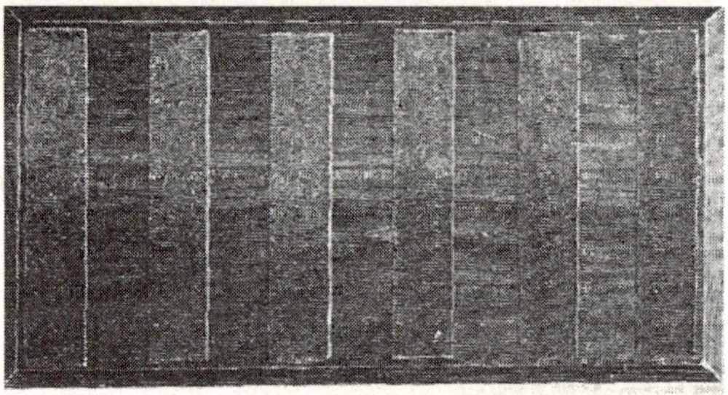

图14 贴有胶带纸的触觉板

老师还会给孩子们一些粗糙程度不同的砂纸片，孩子们通过触摸砂纸的表面，感受粗糙程度的细微差别，并判断出哪张纸片更粗糙，哪张纸片更光滑，这不仅锻炼了孩子区别相似物体细微差别的能力，而且也提高了控制手指活动的能力。

接下来有一组东西，包括天鹅绒布、缎子、丝绸、毛料、棉布、粗亚麻布和细亚麻布。每一种布料都有两块，大小差不多，而且颜色鲜艳。

现在，老师教孩子们做另一个游戏。在做这个游戏之前，先让孩子们摸一下所有的布料，根据布料光滑程度不同，摸的动作也相应的不同。比如，在触摸粗棉布时，要用力地摸，以此来感受它的粗糙程度，而摸丝绸的时候，要轻轻地摸，以此感受它柔软的质地。孩子们在摸布料的时候表现出了极大的乐趣，而且几乎是本能的，为了加强对触觉的感受，他闭上了眼睛。然后，为了尽全力去感受这些布料，他用干净的手帕蒙上眼睛，当摸到质地相同的两块布料时，就把它们摞到一起。最后他把手帕摘下来，确定自己是不是放错了。

这种锻炼触觉和感觉的训练对孩子来说很有吸引力，会引导他们产生在周围环境中寻找类似物体的欲望。我们这儿有一个小家伙，被一位来访客人裙子上的漂亮装饰物所吸引，他先去洗手，然后回来一次又一次用手抚摸那个装饰物，脸上露出兴趣盎然的表情。

接下来我们会看到孩子们对一个更难的练习产生兴趣。

这组训练需要的道具是一些长方形的小木板，除了木板还需要其他材料（见图15），这些小木板大小相同，但因木料密度不同，它们的重量不同，颜色也各异。

图15 重量板

孩子得把一个个小木板轻轻地拿住，将它们全部从木盒里拿出来，这将锻炼孩子们手指的灵活程度。

向外抽木板时，孩子必须先上下移动木板，好像是掂量木板的重量，但动作的幅度不要太大。当孩子能够越来越准确地预测物体重量时，掂量的这种动作就慢慢减少了，当孩子不需要掂量就能估测出木板的重量时，他们就能很好地完成这个小练习。

一旦孩子开始训练，他们就会被蒙上眼睛重复这个练习，从而来训练对重量的感觉。比如，他们会把较重的木块放在右边，较轻的放在左边。

然后他们摘下手帕，通过对照木块的颜色来检查是否出错。

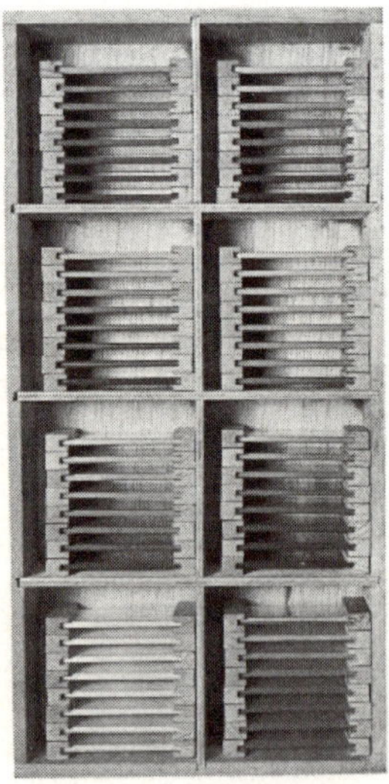

◎ 图16　色板

这个训练的难度较大。所以在之前的较长一段时间里，要先进行三套立方体实木块和不同粗糙程度的矩形板训练。至于具体使用哪套教具，要根据孩子们的兴趣情况来具体决定。

下一个练习的教具是几组正方形木板，每片木板外都包着一层颜色鲜亮且渐变的丝绸布（见图16）。整套教具包括两个独立的盒子，每个盒子里都有64块颜色不同的木板。

也就是说，64种颜色分别属于8种不同的色系，每一个色系都有8个色度深浅不同的木板。孩子要做的第一个训练就是将颜色两两配对。更确切地说，就是从一大堆不同颜色的木板里挑选出两个颜色相似的木块，并将它们并排地放在一起。老师自然不会把128块木板全部混成一堆后再让孩子们去挑选，而只是拿出一些颜色相对鲜亮的木板，例如红色的、蓝色的和黄色的，把三四对混合在一起。然后，他从中拿出一块木板，比如红色的，示意孩子从那一堆里挑出另一片红色的，做完这些后，老师把配成对的木板放在桌子上。接着，他拿出另一种颜色的木板，比如蓝色的，让孩子选出另一块蓝色的与之相配对。老师再把木板的顺序打乱，混在一起，让孩子自己重复这个训练，比如，让孩子将红、黄、蓝三色的木板配好对并排放好。

接着，需要配对的木板数量增加到4对或5对，3岁的小孩最后可以自己从成堆的木板中配对出10～12对颜色相近的木板。

当孩子的眼睛得到了充分的锻炼，能够给同样颜色的木板配对时，他就可以开始练习分辨某种颜色的深浅程度，在这个过程中锻炼了眼力。以蓝色色系为例，8个蓝色木板色度不同，老师把它们按颜色由深到浅的顺序一个一个摆好，唯一目的就是要孩子们清楚下面该做什么。

孩子们接下来会不由自主地想自己尝试一下，老师就可以让他们单独完成。通常孩子们都会犯错，但如果在他理解了这个练习之后还是犯了错，那就说明他还不能区分每种颜色的细微差别。孩子们只有在不断的练习中才能提高区分颜色的眼力，因此我们应该让他们自己尝试，千万不要插手。

我们可以提出两点建议来帮助孩子。第一，他应该先从一堆木板里挑出颜色最深的那一个。这个建议给他的行动指明了方向，使他的选择变得简单。

第二，我们可以不时地引导他观察任何两个相邻的颜色，以便能直接区分这两种颜色。这样的话，在摆放木板前，孩子一定会将它与相邻的方块进行非常仔细的比较。最后，孩子会很乐意将这64种颜色的木板全部打乱，再用惊人的技巧将其分成8组，然后每组都按渐变的颜色排列。在这个练习里，孩子的双手得到了锻炼，可以执行准确又精细的动作，同时大脑的注意力也得到了特殊训练。总之，他的手不能直接握住木板，而必须拿住木板的首尾两端避免触摸到这些彩色的丝绸。再把木板一个接一个地摆成一排，这组道具看起来就会像一条美丽的渐变彩虹。这种有技巧的手部动作只有在大量练习之后才能完成。

对大一点的孩子来说，这些关于色彩感的练习可以提高颜色记忆的能力。老师让孩子先仔细观察某一种颜色，再要求他不用看着刚才观察过的颜色，从一堆混合的颜色里找出相同的一种颜色。因此，他需要通过记忆去辨别颜色，而不是对照原来的颜色去寻找。

孩子们都非常喜欢颜色记忆这个训练。在孩子们日常生活中这个训练可以随时随地进行。他们的脑子里存储某种颜色的图像，并在周围的环境中找出与之对应的颜色。对孩子们而言，在现实生活中找出脑海里的那种颜色，将这个东西指给大人看，并说出这种颜色的名字，才是真正的胜利。

另外一个有趣的教学用具是几何图形箱，这个图形箱有6层抽屉。当打开这些抽屉时，就会看见抽屉底面被分成了六个区域（见图17）。

每个区域都有一个可以摘取的蓝色几何图形，几何图形中央有个小把手。每个抽屉里都铺了一层蓝色的纸作为底衬，当

图17　几何图形箱

几何图形被移开时，会看到抽屉底部的图案和原来的几何图形相同。

抽屉里的几何图形是按照一定的规律排列的。

第一个抽屉中有六个圆圈，直径依次增大（见图18）。

第二个抽屉中有一个正方形和五个长方形。长方形的长与正方形的边长相等，长方形的宽度依次增加（见图19）。

第三个抽屉中有六个三角形，边长、角度各不相同，有等边三角形、等腰三角形、直角等腰三角形、直角三角形、锐角三角形和钝角三角形（见图20）。

第四个抽屉中有六个多边形，边数依次增加，即五边形、六边形、七边形、八边形、九边形、十边形（见图21）。

第五个抽屉中有六个不规则的图形：椭圆形、菱形、梯形、不等边四边形等（见图22）。

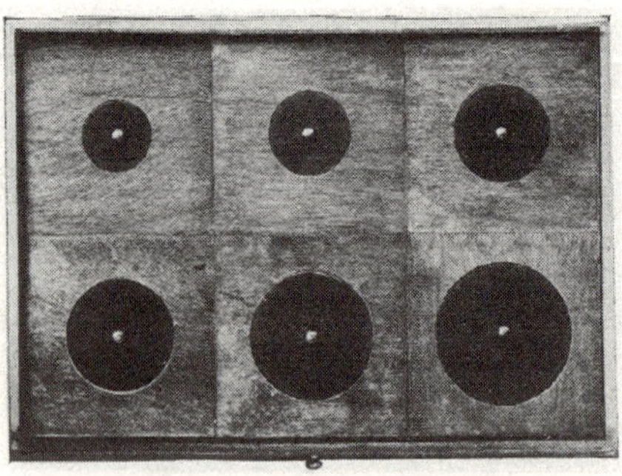

图18　一套6个圆形插件

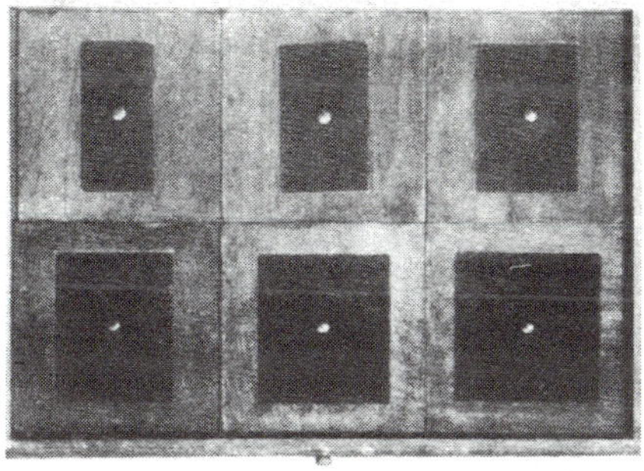

图19　一套6个矩形插件

图20　一套6个三角形插件

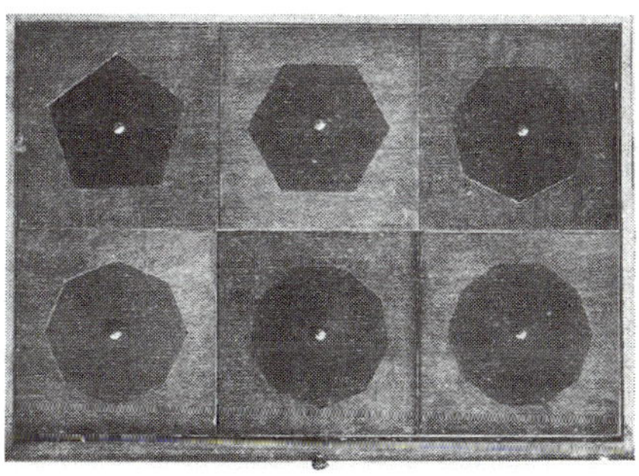

图21　一套6个多边形插件

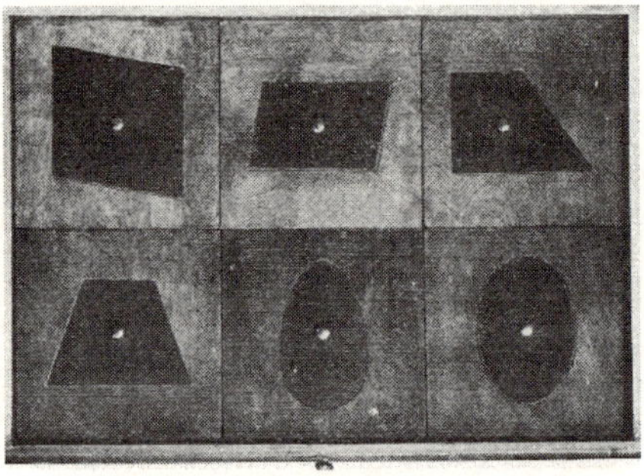

图22　一套6个不规则图形插件

最后一个抽屉中，有四片木板上没有任何几何图案，所以也不需要安装小把手，另有两个无规则的几何图形（见图23）。

图23　一套4块平面不规则插件和2个不规则图形插件

这个训练还需要另外一个教具，就是一个有隔板的木框，它的空间被分成了六部分，每部分中央都是带有把手的几何图形。木框打开就像一个盖子，合上就把嵌在木板上的六个图形都盖在下面（见图24）。

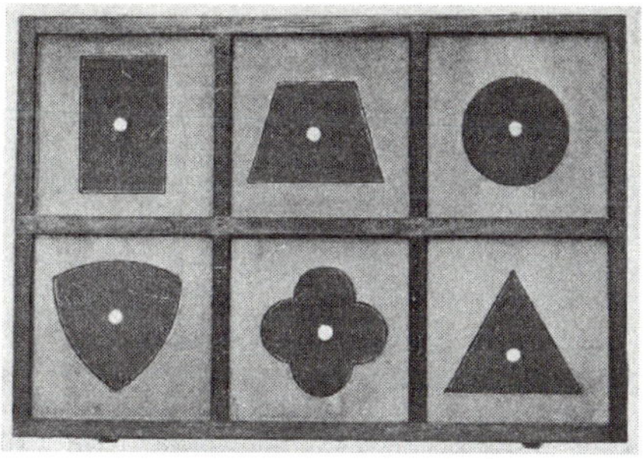

图24　固定几何插件的木框

这个木框用来第一次向孩子们展示平面几何图形。

老师会根据自己的判断力，随机选择某几个图形进行展示。

建议老师一开始先给孩子们展示几个形状差异较大的图形，再增加展示图形的数量，然后展示形状越来越相似的图形。

举例来说，第一批放在框架里展示的是圆形、等边三角形，或者是圆形、三角形和正方形，剩下的区域放上普通的木块。渐渐地木框中放满了图形，一开始是一些差异很大的图形，比如正方形、较窄的长方形、三角形、圆形、椭圆、六边形或者是其他图形的组合。

接下来老师会在木框里放形状相似但大小不同的六个图形，比如六个长方形、六个三角形或者六个圆形。

这个练习与前面圆柱体插孔的练习有点类似。它们都有一个小把手用来取放，做练习时需要先把所有图形打乱放在桌子上，再把它们放到原来的位置上。接下来孩子们就会去尝试，直到最后取得成功。同时，教具本身也可以控制错误的出现，当孩子们放错了位置，他们就会意识到图形的形状和底面蓝色衬纸的形状不同。通过这种方法，他们学会了用眼睛区分不同的形状。

孩子们必须学会协调手上的新动作，这点很重要。老师教孩子用右手（如果两手都灵巧的话，也可用左手）食指和中指柔软的指尖部分去触碰几何模型的轮廓（见图25）。孩子不仅要触摸物体的轮廓，也要触摸它相应的内槽的轮廓。只有亲手触摸了以后，他才能把它们放回原来的位置。

这种方法可以让孩子们很快学会认识图形。那些不能用眼睛

图25　孩子在用插件练习

辨别形状或者放错图形的孩子们，在触摸了图形的轮廓后就能轻而易举地分辨并快速把它们放到相应的位置上。

在孩子触摸几何图形轮廓的练习中，手是随着图形的轮廓移动的。这在触摸几何框的内边时尤其明显。因为他的两根手指只需沿着框的内侧边缘触摸，而这些框既是障碍又是明确的引导。教师一开始就必须对此加以指导，告诉孩子们怎么样准确地沿着边缘移动手指，这对后面的练习也起着重要的作用。因此，老师们必须给孩子示范如何去做，示范动作不仅要缓慢而且要清楚，在孩子初次尝试时，还要手把手地教，这样才能确保孩子摸到了所有的细节，包括每个角和每个边。当学会准确无误地用手触摸轮廓时，他就能熟练地掌握几个图形的形状，多次重复训练之后，就可以成功地勾勒出这几个图形了。

这项练习虽然没有让孩子画图，但它是学画画的前期准备，通过小手的触摸，感受并了解了如何描绘特定的轮廓，也为书写做了准备。只有经过这个练习，孩子的小手才知道怎么样去书画。

孩子们非常重视这种准确地触摸图形平面轮廓的能力。他们在做练习时还会不自觉地将自己的眼睛蒙住，自然而然地单凭触觉来辨别形状。当蒙住眼睛的时候，他们不用看就可以将图形拿出来再放回去。

与刚才提到的几何图形配套的是三套白色正方形卡片，每个几何图形都在白色卡片上复制出它的形状，这些正方形卡片与木框里的六个正方形大小相同，它们被放在三个专用的立方体盒子中（见图26）。

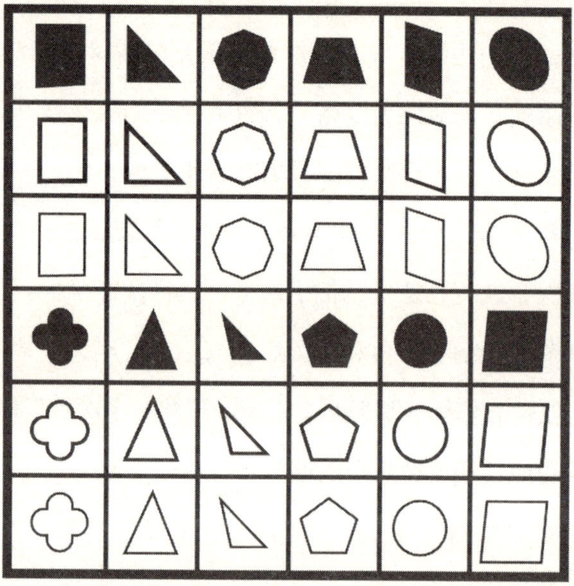

图26　一套几何图形卡片

三套卡片上重复出现的几何图形与放在六层抽屉里的平面几何图形一模一样，形状相同，尺寸也相同。不同之处在于：第一套卡片上的几何图形用蓝色的彩纸剪出来，粘在方形卡片上，第二套卡片上的几何图形只有轮廓，轮廓宽半厘米，也是用蓝色彩纸剪出并粘上去，第三套卡片上的几何图形仅仅用黑笔勾勒出了轮廓。

通过使用这三套卡片，我们可以训练孩子们通过用眼观察，识别不同的平面几何图形。实际上，这个训练比前面提到的木抽屉的训练要难，因为没有控制错误产生的木质框架结构的帮助，孩子们不能将木质平面几何图形放到相应的缺口中，只能单凭眼睛的观察来分辨不同的形状，并根据卡片上的形状来放置相应的几何图形。

按照刚才提到的三套卡片的顺序，每做完一套卡片的练习，孩子们眼睛的辨识力就会提高。当他使用到第三套卡片做练习时，就可以发现手中的木质几何图形与画在卡片上的轮廓之间的联系，这意味着，他们能够将具体存在的事物和抽象的事物二者联系在一起了。现在，在孩子眼中，这些勾勒轮廓的线条有了明确的含义，他们也开始习惯通过简单的线条来辨别、理解和判断轮廓所表示的几何图形了。

这个练习的方式多种多样，有些还是孩子们自己发明的。有的孩子喜欢一下子拿出好多木质几何图形放在眼前，然后再抓一大把卡片，像洗牌那样把卡片顺序打乱，当他抽出一张卡片，就会尽快地去找相应的几何图形。有时候，为了检验对错，他们会把木质几何图形放在卡片上，看几何图形和卡片上的图案能否对得上。在做这个练习时，孩子们通常会用二套卡片把整张桌子都铺满，然后放上相应的几何图形。

这个游戏可由四五个孩子结伴参与，他们可以一起去找对应的卡片，比一比谁的速度最快。一旦其中一个孩子找到与手中木质图形对应的实心图形卡片，就会将几何图形放在对应的卡片上。其他孩子会把刚才的木质几何图形拿走，最终把它放在绘有相同图形轮廓的卡片上。这个游戏在某种程度上为孩子们学习国际象棋做好了准备。

许多孩子在没有给予提示的情况下，会自觉地用手指触摸三组卡片上图形的轮廓，他们认真，充满兴趣，并且坚持不懈地进行练习。

接下来，我们教孩子给所有几何图形命名。

一开始，我打算只教他们那些最重要的图形名称，比如，正方形、长方形、圆形，但孩子们却想知道所有图形的名称，即使是梯形和十边形这种非常难记的名称他们也乐于学习。他们对新单词的准确发音表现出极大的学习兴趣，并且反复跟着老师朗读。事实上，童年的早期阶段是孩子们语言成型的时期，也是学习外语发音的最佳时期。

当孩子进行了长期的平面插图训练，经过了所有这些感官的练习之后，他就会在周围的环境中开始有意识地辨别那些他已知的形状、颜色和质地。可以说，这些训练激起了孩子探索的热情，整个世界都成了他乐趣的源泉。一天，一个小男孩独自在屋顶天台上散步，脸上带着若有所思的表情，念叨着："天是蓝色的！天是蓝色的！"有一位红衣主教非常喜欢瓦尔贵司提学校的孩子们。有一次，他给孩子们带来了一些饼干，猜想着孩子们贪吃的模样，但当他分发完饼干后并没有看到孩子们迫不及待地将饼干塞进嘴里，而是出乎意料地听到孩子们喊着："这个是三角形！这个是圆形！这个是长方形！"原来这些饼干都做成了不同的几何形状。

在米兰的一个普通家庭里，一位母亲正在厨房准备晚餐，她拿出一片面包和一些黄油，身旁四岁的儿子说道："长方形。"然后她从面包上切下一个大角，孩子马上喊道："三角形。"她把面包放进锅里，孩子看着剩下的那一块，立马提高嗓门喊道："现在它是梯形了。"

当时孩子的父亲也在场，他是一名工人，这件小事给他留下了深刻的印象。他直接去找孩子的老师，希望弄明白为什么孩子会有这样的表现。听了老师的解释，他备受感动，说道："如果我小时候也接受过这种方式的教育，现在就不至于只是一名普通的工人。"

就是这位父亲，之后安排社区的工人们来参观孩子们的训练，让工人们对这所学校产生了浓厚兴趣。最后，这些孩子家长送给老师一张自己绘制的有孩子画像的羊皮画，画像中间是各种几何图形。

通过触摸物体来辨识形状的练习有很多，在孩子们的生活环境里还有无限的空间等待他们去探索发现。我们常常看到孩子们站在美丽的柱子或者雕像面前，欣赏一番之后，闭上双眼，一副心满意足的样子，然后反复用手触摸物体。有一天，我们的一位老师在教堂遇见来自维亚盖斯蒂学校的两个小男孩。他们正站在那里观看支撑圣坛的小柱子。看了一会儿，其中那个大一点的男孩慢慢走向柱子，开始用手摸起来。之后，他似乎想与另一个男孩分享这种喜悦，便把他也拉过来，轻轻拉起他的手去抚摸柱子光滑美丽的表面。但就在这时，管理这些物品的教堂负责人走过来，把这些所谓的“淘气得四处乱摸的孩子”赶走了。

孩子通过触摸来认识物体，并从中感受到极大的乐趣，这就是一种感官训练。

许多心理学家都曾经谈到过实物感知的能力，它是指通过手上肌肉运动触摸立体物体的轮廓来辨识其形状的能力。这种感知并不只包括触觉，通过触觉我们只能辨别物体的表面质量是粗糙还是光滑。对形状的感知来自于两种感觉的结合：触觉和肌肉知觉，后者就是运动知觉。在现实生活中，我们所说的盲人的触觉大多数指的是实物感知，也就是说他们通过手的触摸来感知物体形状。

孩子3～6岁是肌肉运动逐渐形成的阶段，正是这种特殊的肌肉知觉促使孩子去运用实物感知的能力。在做平面几何图形的相关练习时，为了识别不同的形状，孩子们自觉地蒙上双眼，这其实就在锻炼感知能力。

孩子可以做很多类似的训练来锻炼闭眼辨识形状的能力，例如小砖块、福禄贝尔立方体、玻璃球、硬币、豆子、豌豆等。孩子能够从一大堆混在一起的物体中挑选出相似的几种，把它们单独摆放在一起。

浅蓝色的几何立方体也是一种教学材料，比如球体、棱柱、棱锥、圆锥和圆柱。想要教孩子辨识这些物体的形状，最具吸引力的方法是让孩子闭上眼睛用手触摸物体并猜出名字，稍后我会介绍如何教孩子们学习这些几何立方体的名字。做过这个训练之后，孩子们一睁开眼睛就会怀着极大的兴趣观察这些物体。另一种让孩子对几何体产生兴趣的方法是让这些几何立方体运动起来。球体可以向各个方向滚动，圆柱体只能朝一个方向滚动，圆锥体围绕自己旋转，而棱柱和棱锥朝任何方向都转不动，但棱柱比棱锥更容易被推倒。

感官训练需要的教学用具基本介绍完了。不过，我们还有一套纸质圆柱体，共六个，有的圆柱体完全封闭，有的两头被木头盖封住了（见图27）。

由于里面装的东西不同，摇晃这些圆柱体时会产生不同强度

图27 听筒

的声音，有的声音很大，有的声音很小，几乎听不到。

练习的第一步是识别同等强度的声音，然后将发出同样强度声音的圆柱体摆在一起。第二步是比较不同声音的强度，也就是说，孩子们要根据这六个圆柱体发出的声音强弱进行排序。这个练习和色板练习有类似的地方，色板练习首先要进行配对，再根据颜色由深到浅来摆放色板。同样，做这个练习的时候，孩子可以舒服地在桌子旁坐好。在老师进行简单的讲解之后，孩子们就要独立完成这个练习。训练时，将孩子的眼睛蒙住，以便他们更好地集中注意力。

至此，我们可以简单总结一下感官训练通用的指导原则。训练应该按照以下步骤进行：

（1）识别不同的物体（把相似物体进行配对，或将物体插入适合它们的位置）；

（2）识别同种物体的不同大小（从一组物品中找出体积或大小最大或最小的那一个）；

（3）区分相似物品。

在训练的过程中，为了让孩子的注意力集中在某一特定的感官刺激物上，最好尽可能地排除其他无关的感觉。例如，训练时房间要保持安静，或者在做与视觉无关的练习时，先把孩子的眼睛蒙上。

我们拍摄的教学录像就反映了孩子们在使用教学用具进行感官训练时的大致情况。任何一个已经接受过这套教学理论培训的教师，看到孩子们做这些练习时的表现，都会更加认可这些教学理论。

我们建议给孩子们进行感官训练的老师或者家长，先亲自使用这些教学用具做一遍练习。这种亲身体验也会使他们自己明白哪些感受是孩子们必须去感觉的、哪些困难是孩子必须去克服的等诸如此类的问题。等到了一定程度之后，这个练习就会激发起参与者的兴趣。凡是做过这个练习的人都对这样的事实印象深刻：当双眼被蒙上时，他会发现自己的触觉和听觉变得更敏锐、更容易识别。仅仅这一点便可让参与者产生不小的兴趣。

刚开始进行乐感训练时，我们在罗马使用过一种教学工具，现在出售的教学用具已经不包含当时的那一套了。那套用具由两套乐钟组成，两套乐钟能发出全音和半音的八度音阶。这些金属乐钟都放在木质的长方形底座上，看上去外表相似，但用木棒敲击时，会发出类似doh、re、mi、fah、soh、lah、ti、doh、doh#、re#、fah#、soh#、lah#的声音。

其中一套乐钟按音阶顺序摆放在一个长木板上。这块木板被粉刷成黑白两色的长方形格子，格子大小与乐钟长方形底座大小相同。它的原理和钢琴键盘一样，白色格子代表全音阶，黑色格子代表半音阶（见图28）。

图28　乐钟

首先，摆在长木板上的是全音阶乐钟，它们按照doh、re、mi、fah、soh、lah、ti、doh的顺序摆放在白色的格子上。

练习的第一步要求孩子们用小锤敲击已经按顺序摆放好的那组全音阶乐钟的第一个音符doh。同时，另一套全音阶乐钟被打乱顺序放在另一个桌子上，孩子们再来一个接一个地敲击打乱顺序的这一套，他们通过一次又一次的尝试来寻找那个同样能发出

doh音的乐钟。当孩子们成功地找到对应的乐钟之后，就会把找到的乐钟放在长木板上的第一个doh乐钟旁边。接着，孩子再敲击长木板上的第二个发出re音的乐钟，然后再从那一堆打乱顺序的乐钟里找到发出同种声音的那一个，把两个乐钟对应放好。孩子们用同样的方法继续练习，从打乱顺序的乐钟里识别出各个音符。这个练习与前面的圆柱体音响、色板配对等练习类似。

之后，他连续不断地按顺序快速敲击排列有序的乐钟，一边敲一边唱出：doh、re、mi、fah、soh、lah、ti、doh，以此来熟悉各音符以及它们对应的声音。当孩子们能够分辨并牢记这一系列音符之后，就可以把八个乐钟打乱顺序放在一起，再让孩子们用小锤敲击来分辨各个音符。孩子每分辨出一个音符，都要从头把已经熟记的乐钟按顺序重新敲击一遍，即doh、re、doh、re、mi；doh、re、mi、fah；doh、re、mi、fah、soh等。经过这种训练之后，孩子们单凭听音就能把所有的乐钟按音符顺序进行排列。然后，孩子们还要按照从低到高（doh、re、mi、fah、soh、lah、ti、doh），再从高到低的顺序（doh、ti、lah、soh、fah、mi、re、doh）敲击乐钟。这个练习对于五岁以上的孩子来说很有吸引力。

如果上述物品可以作为听觉训练起始阶段的教学用具的话，我不希望整个教育过程只用这么几种教具。在实际操作中，我还选用了声音响亮的金属管、能发出乐音的小木棒以及弦乐器（如小提琴）等，孩子们通过乐钟练习学会了辨别这些乐器发出的不同音符的方法。我们还可以使用钢琴帮助孩子们进行听音和辨音练习。通过这种方式，我们会发现木料的材质不同，发出的音质也有所不同。同时，我们前面提到的很多练习，比如用钢琴弹奏进行曲来进行节奏练习，或者让孩子们自己哼唱简单的歌曲等，都是培养乐感的有效方法。

为了尽快让孩子们发现注意力和声音之间的特殊关系，我们还要做一个非常重要的练习。这个练习与我们目前所做的所有训练都不同，它不是要发出声音，而是要尽可能地消除我们周围环境里的各种杂音，我们称之为安静训练。安静训练应用广泛，有的学校没有采用我们的其他教学方法，但安静训练法却是一直保留、采用的必备项目，因为这个方法在规范孩子的行为方面能产生良好的效果。

在教孩子们不要动的时候，为了抑制任何原因引起的运动冲动，引导孩子们保持真正的静止，我们有必要教孩子们学会控制自己的动作。只是口头上对孩子们说“坐好了，不要动”是不够的，老师还应该给孩子们做个示范，告诉他们怎样才能完全一动不动地静静地坐着，包括双脚、身体、胳膊和头部都要保持静止，就连呼吸运动也要按照这样的方式进行，以至于不会发出任何声响。

我们必须教会孩子们如何成功地完成这个练习。前提条件是让孩子们找到一个舒服的、能保持内心平静的姿势。孩子们一旦坐下来要做这个练习的时候，无论他们是坐在小椅子上，还是坐在地上，都必须让自己的坐姿舒适。当一切都安静下来的时候，房间里光线也应该调暗，要不然就让孩子们闭上眼睛，或者让孩子们用手捂住眼睛。

我们很容易发现孩子们对安静的状态兴趣浓厚。他们好像中了咒语，或者说进入了一种冥想的状态似的。渐渐地，每个孩子都变得一动不动，整个环境也越来越安静，一直达到一种完全的静音状态，这种安静的状态能被感受到，就好像是夕阳渐渐落下，夜幕逐渐降临，周围的环境也慢慢安静下来。

这时，刚才没有被孩子们注意到的各种细小声音，比如钟表的嘀嗒声，花园里麻雀的啁啾声或者蝴蝶振翅的声音都能听到了。这个安静的环境里充满了各种不易被察觉的声音，它悄然侵入，却丝毫没有打破室内的沉静，就好像星星在漆黑的夜空闪耀却从未驱走夜的黑暗。一个崭新的世界出现在孩子面前，它是那样的静谧。这个世界的嘈杂和喧嚣压抑着人的心灵，但在此时，这种静谧让人的心灵得到释放，就像牵牛花静静地盛开一样。

我们暂且不谈这些比喻，难道这样的场景不能让我们回想起落日时分的感受吗？当夕阳西下，白天的明朗和喧嚣不复存在，所有的鲜活印象都归于平静。此时，我们不是在想念白天，而是我们的心灵已驰骋疆野，内在感情的波动强烈且持续不断，它时而变化万千，时而安静异常，如但丁所说的：

就在此刻，水手们感到一种渴望，
他们的内心更加温柔。

一般来说，老师点名之后，安静训练这堂课就结束了。老师或者班上的一个孩子，从教室后面或者隔壁教室开始点名，这些静静地坐着的孩子被一个一个地叫到。老师点名的时候不是大声喊叫，而是轻唤孩子的名字。如果孩子想要听到自己的名字，就必须仔细地聆听。一旦听到自己的名字，孩子必须站起来，朝着叫他名字的方向轻轻地走过去，尽量不发出噪音干扰别人。

当孩子们适应了安静之后，他们的听力好像受过训练一样，对声音的反应更加敏锐。他们已经体验到安静带来的乐趣，也发现了世界上还有很多很微妙的声音，所以一旦周围环境声音过大，他们就会觉得刺耳。从此，孩子们开始逐渐改善自己的行为。他们走路时自觉放轻脚步，小心翼翼地不碰到家具，搬椅子的时候不发出噪声，在桌子上放东西也动作很轻。一段时间后，我们就会发现孩子们的举止变得优雅，这都是训练的效果。孩子们表现出来的这种优雅行为不是为了追求表面的美，也不是做给别人看的，而是安静训练带给孩子内心的一种愉悦感。孩子们的内心渴望从烦躁的声音中摆脱出来，他们举止优雅，就像高贵的绅士，正努力呵护着自己的心灵。

这个练习确实可以培养孩子的社会精神，没有任何一个其他课程可以起到这样的效果。有时候，即使50多个孩子同时挤在一个狭小的房间里，他们也能保持安静，前提是所有孩子都知道怎样保持安静并且愿意配合着去做，只要有一个孩子捣乱，就足以打破安静的局面。

以上例子证明：只有团体里的每一个成员都合作时才能达到共同的目标。孩子们通过训练，自制力逐渐增强。有的孩子为了不打破这种安静的局面，甚至不去赶走落在鼻子上的苍蝇，哪怕想咳嗽或打喷嚏时也尽量忍住。孩子们在做事情时也小心翼翼，尽量避免发出噪声。他们跑动时脚步很轻，关橱柜门时动作很轻，把东西放在桌子上时力度也很轻。如果想创造一个比较安静的环境，需要我们所有人都能这样做。只要有一个人不配合，我们就无法创造安静的环境。只要有一个孩子捣乱，比如说用鞋跟走路或者用脚踹门，就足以破坏小团体内安静的气氛。

教育小贴士：科学探究能力的培养

目标：具有初步的探究能力

3～4岁	4～5岁	5～6岁
1. 对感兴趣的事物能仔细观察，发现其明显特征。 2. 能用多种感官或动作去探索物体，关注动作所产生的结果。	1. 能对事物或现象进行观察比较，发现其相同与不同。 2. 能根据观察结果提出问题，并大胆猜测答案。 3. 能通过简单的调查收集信息。 4. 能用图画或其他符号进行记录。	1. 能通过观察、比较与分析，发现并描述不同种类物体的特征或某个事物前后的变化。 2. 能用一定的方法验证自己的猜测。 3. 在成人的帮助下能制定简单的调查计划并执行。 4. 能用数字、图画、图表或其他符号记录。 5. 探究中能与他人合作与交流。

教育建议：

1. 有意识地引导幼儿观察周围事物，学习观察的基本方法，培养观察与分类能力。如：

- 支持幼儿自发的观察活动，对其发现表示赞赏。
- 通过提问等方式引导幼儿思考并对事物进行比较观察和连续观察。
- 引导幼儿在观察和探索的基础上，尝试进行简单的分类、概括。如：根据运动方式给动物分类，根据生长环境给植物分类，根据外部特征给物体分类等等。

2. 支持和鼓励幼儿在探究的过程中积极动手动脑寻找答案或解决问题。如：

- 鼓励幼儿根据观察或发现提出值得继续探究的问题，或成人提出有探究意义且能激发幼儿兴趣的问题。如：皮球、轮胎、竹筒等物体滚动时都走直线吗？怎样让橡皮泥球浮在水面上？
- 支持和鼓励幼儿大胆联想、猜测问题的答案，并设法验证。如：玩风车时，鼓励幼儿猜测风车转动方向及速度快慢的原因和条件，并实际去验证。
- 支持、引导幼儿学习用适宜的方法探究和解决问题，或为自己的想法收集证据。如：想知道院子里有多少种植物，可以进行实地调查；想知道球在平地上还是在斜坡上滚得快，可以动手试一试；想证明影子的方向与太阳的位置有关，可以做个小实验进行验证等。

3. 鼓励和引导幼儿学习做简单的计划和记录，并与他人交流分享。如：

- 和幼儿共同制定调查计划，讨论调查对象、步骤和方法等，也可以和幼儿一起设法用图画、箭头等标识呈现计划。
- 鼓励幼儿用绘画、照相、做标本等办法记录观察和探究的过程与结果，注意要让记录有意义，通过记录帮助幼儿丰富观察经验、建立事物之间的联系和分享发现。

- 支持幼儿与同伴合作探究与分享交流，引导他们在交流中尝试整理、概括自己探究的成果，体验合作探究和发现的乐趣。如一起讨论和分享自己的问题与发现，一起想办法收集资料和验证猜测。

4. 帮助幼儿回顾自己的探究过程，讨论自己做了什么，怎么做的，结果与计划目标是否一致，分析一下原因以及下一步要怎样做等。

第6章

语言及对世界的认识

导读

语言是交流和思维的工具。幼儿期是语言发展，特别是口语发展的重要时期。幼儿语言的发展贯穿于各个领域，也对其他领域的学习与发展有着重要的影响：幼儿在运用语言进行交流的同时，也在发展着人际交往能力、理解他人和判断交往情境的能力、组织自己思想的能力。通过语言获取信息，幼儿的学习逐步超越个体的直接感知。

听觉的特殊性和重要性就在于，它与讲话的感觉器官息息相关，因此，训练孩子留意并区分周围环境的各种声音甚至是噪音，就是在帮助孩子们为学习语言的准确发音做好准备。教师对孩子说话时要注意发音清晰完整，即使声音很小，好像耳语一般，发音也必须准确。儿童歌曲是帮助孩子学习准确发音的好方法，老师在教时，要慢慢地发音，把所说单词的音节拆开来读。

教孩子们准确发音的一个好方法就是前面提到的感官练习。在每次练习中，孩子们先学会区分不同物品的差异，老师再用一个词描述这一差异。比如，在孩子们反复搭建粉色积木的过程中，老师可以找个适当的时机接近孩子，拿起最大和最小的两块积木给孩子看，并且说："这是大的，这是小的。""大"和"小"这两个词要单独重复几次，而且要用非常清晰的发音强调"这是大的，大的，大的"，说完之后要停顿片刻，然后看看孩子是否理解了。他可以进行这样的测试，"把大的给我，把小的给我"，然后再说"给我大的"，"现在，给我小的"，"给我大的"，接着再重复一次："给我大的"，"现在给我小的"，"给我一个大的"，然后再停一会儿。最后，老师轮流指着大小两个物体提问："这是什么？"如果孩子们已经掌握所学的内容，就会正确地回答出"大"或"小"。接着老师督促孩子清晰且尽可能准确地重复单词。

老师："这是什么样的？"

孩子："大的。"

老师："什么样的？"

孩子："大的。"

老师："清楚地告诉我，这是什么样的？"

孩子："大的。"

教学时使用的两个物品只是尺寸大小不同，形状要相同，也就是说，两个物品的三维结构是相同的。我们可以说一栋房子是"大的"，一个小茅屋是"小的"。当同一物体被两张照片以不同大小展现时，你可以说一张是另一张的放大版。

当物体长度不变，只有截面的大小发生变化，物体就有了粗细之分。对于这样两个物体，我们可以说一个是粗的，一个是细的。老师教孩子区分棕色棱柱粗细的方法，与教孩子区分积木大小的方法一样，我将它分为以下三个阶段：

第一阶段，命名。"这是粗的，这是细的。"

第二阶段，识别。“给我粗的那个，给我细的那个。”

第三阶段，单词的发音。“这是什么样的？”

这里还有一个方法，可以教孩子们辨别物体尺寸的差异，并且按从大到小或从小到大的顺序摆放物品。上述课程结束之后，老师可以把棕色棱柱打乱放在地上，然后对孩子说“把最粗的那个给我”，把孩子挑出的那个棱柱放在桌子上，再让孩子们从地上的棱柱里面选出最粗的一个，每次都把挑出来的棱柱紧挨之前的那一个按次序摆放好。这样，孩子们就会习惯性地在剩余的棱柱中挑选最粗或者最细的，从而轻松学会如何按大小顺序摆放物品。

当某个物品只有一维变化时，例如木棒，它只有长度变化，我们可以说它是长的或短的。而高度变化的物体，我们称之为高的或者低的。宽度的变化，就出现了宽的和窄的。

在物体的三种维度里，我们只选择长度变化作为孩子的入门课程，并且运用前面提到的三阶段法来教他们区分物体，让他们从成堆的物品里总是选出最长的，或者总是选出最短的。

孩子就通过这样的方式学会了准确地使用单词。有一天老师在黑板上画了许多线条。一个孩子说：“多么小的线啊！”“线不能说小，”另一个孩子纠正道，“线是细的。”

当老师教孩子们颜色或形状的名称时，没有必要强调物体大小的对比。老师一次可以说出两个以上的名称，比如，“这是红色”，“这是蓝色”，“这是黄色”，或者“这是正方形”，“这是三角形”，“这是圆形”。但在进行按序排列的训练时，比如关于颜色的练习，老师就应该让孩子选出最深和最浅的两个颜色，并且总是让孩子们在所有的颜色中选出最深和最浅的那一个。

这里介绍的很多课程都可以在教学影片中看到，教学内容包括触摸平面几何图形和矩形板的不同表面、沿线走、辨别颜色、学习积木和长木棒的名称、组合词语、阅读和写作等。

通过这些课程，孩子们完全掌握了很多词汇，比如大、小、粗、细、长、短、深、浅、粗糙、光滑、重、轻、热、冷等，也学到了各种颜色和几何图形的名称。这样的词汇并不涉及任何具体实物，所以对于孩子们来说，这更多是一种心智上的收获。在实际训练过程中，老师应该先训练孩子们集中精力观察物体间的差异，然后经过比较、推理，得出自己的结论，这样他才会最终获得前所未有的辨别能力。在这一系列长期训练之后，老师才能教孩子们物体的名称。总之，在整个过程中，孩子锻炼了感知能力，并逐渐培养出透彻、基本的观察能力。

孩子们发现自己在面对所处世界时，心智变得更加成熟，思维更加敏捷，观察能力和认知能力也得到了很大的提高，进一步说，他们会了解到自己头脑里储存的各种图像不是杂乱无章的，而是分门别类的——物体的形状因维度的变化而不同。

所有的事物都因为细小的差别而不同，颜色根据色调及饱和度而区分，安静区别于有声，噪音区别于一般的声音，每个事物都有各自准确而恰当的名字。孩子不仅提高了观察力和判断力，而且把观察到的事物分门别类地储存在了自己的头脑中，而这种分类正是孩子们通过学习建立的。

做科学实验的学生不正是以这种方式做好准备去观察外面世界的吗？面对自然界纷繁复杂的各种事物，他可能觉得自己像一个从未受过教育的文盲，但与文盲不同的是，他具有独特的观察能力。如果用显微镜工作，他就能看到显微镜下常人无法看到的诸多微小细节。如果他是一个天文学家，也会和好奇的游客或者业余天文爱好者一样使用望远镜观察太空，但他一定会看得更加清楚。如果他是个植物学家，也会和普通路人一样种着同样的植物，但因为对植物有系统的研究，他会留意观察那些植物特性，并把这些特性分门别类，给每棵植物找到它所属的类别，说出它的学名，正是这种从纷繁复杂的植物种类中认出某种植物的能力，把植物学家和一般的园丁区分开来。同样的道理，也正是由于准确的科学语言，训练有素的观察者才鹤立鸡群。

只有那些受过训练，培养了特殊的观察能力，并且掌握了对事物进行分门别类的能力的人，才能在科学领域有所发现。那些没有受过训练，不知道如何给事物分类的人，是不会有所建树的，他们整日闲逛，无所事事，盲目地生活在这个世界上。

事实上，我们的孩子能在所处的环境里不断地有新的发现，在这个过程中，他们获得了极大的乐趣。他们从这个世界里获取的是有序的知识，这也在一定程度上激发了孩子们探索世界的热情，使他们的内心充满了极大的喜悦感。

教育小贴士：学会倾听与表达

目标1 认真听并能听懂常用语言

3～4岁	4～5岁	5～6岁
1. 别人对自己说话时能注意听并做出回应。 2. 能听懂日常会话。	1. 在群体中能有意识地听与自己有关的信息。 2. 能结合情境感受到不同语气、语调所表达的不同意思。 3. 方言地区和少数民族幼儿能基本听懂普通话。	1. 在集体中能注意听老师或其他人讲话。 2. 听不懂或有疑问时能主动提问。 3. 能结合情境理解一些表示因果、假设等相对复杂的句子。

教育建议：

1. 多给幼儿提供倾听和交谈的机会。如：经常和幼儿一起谈论他感兴趣的话题，或一起看图书、讲故事。

2. 引导幼儿学会认真倾听。如：

- 成人要耐心倾听别人（包括幼儿）的讲话，等别人讲完再表达自己的观点。
- 与幼儿交谈时，要用幼儿能听得懂的语言。
- 对幼儿提要求和布置任务时要求他注意听，鼓励他主动提问。

3. 对幼儿讲话时，注意结合情境使用丰富的语言，以便于幼儿理解。如：

- 说话时注意语气、语调，让幼儿感受语气、语调的作用。如对幼儿的不合理要求以比较坚定的语气表示不同意；讲故事时，尽量把故事人物高兴、悲伤的心情用不同的语气、语调表现出来。
- 根据幼儿的理解水平有意识地使用一些反映因果、假设、条件等关系的句子。

目标2 愿意讲话并能清楚地表达

3~4岁	4~5岁	5~6岁
1. 愿意在熟悉的人面前说话，能大方地与人打招呼。 2. 基本会说本民族或本地区的语言。 3. 愿意表达自己的需要和想法，必要时能配以手势动作。 4. 能口齿清楚地唱儿歌、童谣或复述简短的故事。	1. 愿意与他人交谈，喜欢谈论自己感兴趣的话题。 2. 会说本民族或本地区的语言，基本会说普通话。少数民族聚居地区幼儿会用普通话进行日常会话。 3. 能基本完整地讲述自己的所见所闻和经历的事情。 4. 讲述比较连贯。	1. 愿意与他人讨论问题，敢在众人面前说话。 2. 会说本民族或本地区的语言和普通话，发音正确清晰。少数民族聚居地区幼儿基本会说普通话。 3. 能有序、连贯、清楚地讲述一件事情。 4. 讲述时能使用常见的形容词、同义词等，语言比较生动。

教育建议：

1. 为幼儿创造说话的机会并让他们体验语言交流的乐趣。

- 每天有足够的时间与幼儿交谈。如谈论他感兴趣的话题，询问和听取他对自己事情的意见等。
- 尊重和接纳幼儿的说话方式，无论幼儿的表达水平如何，都应认真地倾听并给予积极的回应。
- 鼓励和支持幼儿与同伴一起玩耍、交谈，相互讲述见闻、趣事或看过的图书、动画片等。
- 方言和少数民族地区应积极为幼儿创设用普通话交流的语言环境。

2. 引导幼儿清楚地表达。如：

- 和幼儿讲话时，成人自身的语言要清楚、简洁。
- 当幼儿因为急于表达而说不清楚的时候，提醒他不要着急，慢慢说；同时要耐心倾听，给予必要的补充，帮助他理清思路并清晰地说出来。

目标3　养成文明的语言习惯

3～4岁	4～5岁	5～6岁
1. 与别人讲话时知道眼睛要看着对方。 2. 说话自然，声音大小适中。 3. 能在成人的提醒下使用恰当的礼貌用语。	1. 别人对自己讲话时能回应。 2. 能根据场合调节自己说话声音的大小。 3. 能主动使用礼貌用语，不说脏话、粗话。	1. 别人讲话时能积极主动地回应。 2. 能根据谈话对象和需要，调整说话的语气。 3. 懂得按次序轮流讲话，不随意打断别人。 4. 能依据所处情境使用恰当的语言。如在别人难过时会用恰当的语言表示安慰。

教育建议：

1. 成人注意语言文明，为幼儿做出表率。如：

- 与他人交谈时，认真倾听，使用礼貌用语。
- 在公共场合不大声说话，不说脏话、粗话。

- 幼儿表达意见时，成人可蹲下来，眼睛平视幼儿，耐心听他把话说完。

2. 帮助幼儿养成良好的语言行为习惯。如：

- 结合情境提醒幼儿一些必要的交流礼节。如对长辈说话要有礼貌，客人来访时要打招呼，得到帮助时要说谢谢等。
- 提醒幼儿遵守集体生活的语言规则，如轮流发言，不随意打断别人讲话等。
- 提醒幼儿注意公共场所的语言文明，如不大声喧哗。

—— 第7章 ——

自由

导读

幼儿在活动过程中表现出的积极态度和良好行为倾向是终身学习与发展所必需的宝贵品质。要充分尊重和保护幼儿的好奇心和学习兴趣，帮助幼儿逐步养成积极主动、认真专注、不怕困难、敢于探究和尝试、乐于想象和创造等良好学习品质。

培养孩子成就的取得与老师的巧妙参与密不可分。老师有必要对孩子进行引导，同时又不能让孩子觉得老师出现得过于频繁，所以，老师应时刻准备着为孩子提供他们所需的帮助，同时又要避免成为孩子们训练过程中的绊脚石。

讲课时，如果老师的语言平淡乏味，就会降低孩子们的求知热情，成年人对此的反应也是如此。能始终保持学生的求知热情是成功引导的关键，其实这并不难做到，只要老师能够对孩子们的行为表现出尊重、冷静和耐心，让孩子们在活动和自由体验的过程中不受太多的约束。

接下来，我们会注意到孩子们拥有了主动开拓的特性。他能主动选择自己要做的事情，并持之以恒地根据内心的需要做出改变。这样的孩子不会拒绝付出，相反，他会努力探索事物，在自己能力范围内乐观积极地克服困难。他会拥有良好的社交能力，乐意与周围人分享自己的成功、发现以及成就。因此，教师无需干涉，静观其变是教育者的至理名言。

让我们耐心等待，时刻准备好分享和分担孩子们体验到的快乐和困难。孩子们需要情感上的安慰时，我们就应该积极地做出回应。如果孩子们进步缓慢，我们应该无限耐心地等待，如果孩子们取得了进步，我们应该热情地与他们分享。如果我们敢说“我们与孩子相处时彬彬有礼，尊重他们，就像我们希望别人对待我们那样去对待他们”，那么，毫无疑问，我们已经掌握了一项伟大的教育原则，并且毋庸置疑，我们正在树立成功教育的典范。

我们都希望在工作时不受打扰，希望努力做事时不受妨碍，希望在需要帮助时亲友会伸出援手，希望与他人欢乐相处，平等相待，彼此信任——这一切都是愉快的友伴关系所必须的。同样，孩子也是人，也需要获得尊重，而他们天真无邪，前途无量，因此比我们大人更胜一筹，我们所需要的也是他们所需要的。

然而，我们通常并不尊重孩子，总是试图强迫他们顺从我们，却从不考虑他们特定的需求。我们专横，甚至粗鲁无礼。明知孩子们模仿天性强，是那样信任和崇拜大人，我们却期待他们服从我们，规规矩矩地行事。任何情况下，孩子们都会模仿大人。因此，对待孩子时，我们要尽量表现出仁爱，这将有助于塑造孩子的性格。仁爱不单单指爱抚。第一次见面就拥抱我们的人，我们难道不会说他们粗鲁、无礼或者缺乏教养吗？仁爱包括了解别人的想法，满足对方的愿望，通情达理，如果需要，甚至牺牲自己的愿望，这就是我们应该给予孩子的仁爱。

为了理解孩子们的意愿，更何况这些意愿通常是无意识的，我们必须科学地进行分析。孩子们的意愿是他们内心对生活的渴望，只有根据某些特定的神秘法则我们才能对其进行解读。而对于这些神秘法则，我们又知之甚少。可以肯定的是，从一无所有到一个孩子的出现，从一个孩子成长为一个成年人，都受到同一种法则或动力的推动。

我们在孩子成长的这一奇妙过程中所起的干涉作用是间接的。我们只需给他们提供一些必要的方法，从而帮助他们更好地成长。做完这一切，我们只需用一种尊重的态度等待他们慢慢进步。

让生命在至善中自由成长吧！在生命成长过程里，我们会悉心观察他们的内心世界，这是我们的职责所在。或许，当我们见证生命的成长时，会想到至善的上帝曾说过“由着孩子们吧，让他们来到我这里”，他的意思是：别阻止孩子们的成长，因为如果能自由成长，不受阻碍，他们就一定能到达人生的至高境界。

教育小贴士：科学探究能力的发展

目标：在探究中认识周围事物和现象

3～4岁	4～5岁	5～6岁
1. 认识常见的动植物，能注意并发现周围的动植物是多种多样的。 2. 能感知和发现物体和材料的软硬、光滑和粗糙等特性。 3. 能感知和体验天气对自己生活和活动的影响。 4. 初步了解和体会动植物和人们生活的关系。	1. 能感知和发现动植物的生长变化及其基本条件。 2. 能感知和发现常见材料的溶解、传热等性质或用途。 3. 能感知和发现简单物理现象，如物体形态或位置变化等。 4. 能感知和发现不同季节的特点，体验季节对动植物和人的影响。 5. 初步感知常用科技产品与自己生活的关系，知道科技产品有利也有弊。	1. 能察觉到动植物的外形特征、习性与生存环境的适应关系。 2. 能发现常见物体的结构与功能之间的关系。 3. 能探索并发现常见的物理现象产生的条件或影响因素，如影子、沉浮等。 4. 感知并了解季节变化的周期性，知道变化的顺序。 5. 初步了解人们的生活与自然环境的密切关系，知道尊重和珍惜生命，保护环境。

教育建议：

1. 支持幼儿在接触自然、生活事物和现象中积累有益的直接经验和感性认识。如：

- 和幼儿一起通过户外活动、参观考察、种植和饲养活动，感知生物的多样性和独特性，以及生长发育、繁殖和死亡的过程。

- 给幼儿提供丰富的材料和适宜的工具，支持幼儿在游戏过程中探索并感知常见物质、材料的特性和物体的结构特点。

2. 引导幼儿在探究中思考，尝试进行简单的推理和分析，发现事物之间明显的关联。如：

- 引导5岁以上幼儿关注和思考动植物的外部特征、习性与生活环境对动植物生存的意义。如兔子的长耳朵具有自我保护的作用；植物种子的形状有助于其传播等。
- 引导幼儿根据常见物质、材料的特性和物体的结构特点，推测和证实它们的用途。如：带轮子的物体方便移动；不同用途的车辆有不同的结构等等。

3. 引导幼儿关注和了解自然、科技产品与人们生活的密切关系，逐渐懂得热爱、尊重、保护自然。如：

- 结合幼儿的生活需要，引导他们体会人与自然、动植物的依赖关系。如：动植物、季节变化与人们生活的关系，常见灾害性天气给人们生产和生活带来的影响等。
- 和幼儿一起讨论常见科技产品的用途和弊端，如：汽车等交通工具给生活带来的方便和对环境的污染等。

第8章

书写

导读

幼儿的语言发展除了听说能力，还包括阅读、书写能力。应为幼儿创设自由、宽松的语言交往环境，鼓励和支持积极的交流，同时，为幼儿提供丰富、适宜的低幼读物，经常和幼儿一起看图书、讲故事，丰富其语言表达能力，培养阅读兴趣和良好的阅读习惯，进一步拓展学习经验。在生活情境和阅读活动中引导幼儿自然而然地产生对文字的兴趣。

完成了上述训练之后，孩子就已经准备好迎接未知的挑战，进入到新的阶段了。这个新的阶段适合大约四岁的孩子。与那些没有经过指引和训练、只能依靠自己发展的孩子不同，我们的孩子在智力水平和性格方面都显示出了较大的优势。这种优势并非缘于孩子的天性不同，而是缘于他们在内在发展和成长的过程中获得的机会不同。

教育给孩子提供了成长的环境，同一环境中孩子呈现的个性差异几乎可以说是因孩子的自然天性所致。教育给孩子提供了成长所需要的手段和措施，使他们的基础保持相同水平。孩子在各种手工劳动的训练中协调了自己的肢体，并获得了主动适应环境的能力，有了一定的独立性，成为了一个小大人。

生活中，我们的孩子动作灵活，姿态优雅，他们能够在拿小巧易碎的物体时集中注意力而不至于将其打碎，在挪动庞然大物时懂得如何不发出噪音。能让他们达到如此完美境界的原因是高度的责任心。例如，在一次拿三四个平底杯或者端一碗热汤时，责任心告诉孩子们，他们不仅要为这些东西负责，也要为自己正在忙活的这顿饭负责，同时也怀有强烈的责任感来保持安静，不发出刺耳的声音，来保持周围良好的环境。他们做这一切时井然有序，平和镇定。事实上，孩子们已经开始了自我控制，并在生活和练习过程中不断加强这一意识。

但是他们的成长和发展与更深层的心理活动有关，这得益于感官训练。感官训练能够提升秩序意识，不仅使孩子的外在个性稳定，也能使他们的内在世界井然有序。

教具本身并不能给孩子提供头脑发展所需要的内容，而是给这种内容提供组织秩序。通过使用各种教具，孩子拥有了辨别的能力，哪怕是细微的差别他们也能分清，同时学会了根据质量或数量的概念，对物体表面、颜色、大小、形状和声音进行分类。通过这种注意力、观察力、比较能力和分类能力的特殊训练，孩子们的意识逐渐形成。

这种训练能培养孩子的一种精神态度，使他们在自己生活的环境中进行有序的观察，这种观察对他们来说是非常有趣的发现，能激发他们无限的潜能，在大脑中形成大量清晰的概念。

现在，孩子们开始能用精确的语言表达头脑中所获得的印象，这些词语数量比较少，它们所指的不是独立的物体，而是头脑中形成概念的秩序。通过这种方式，孩子们就能够在自然世界和物质世界中发现自我，因为有一种内在的导向指引他们成为积极、聪慧的探索者，而不会沦为未知世界毫无目的的流浪者。

这样的孩子在很短的时间之内，有时候只需几天，就能学习书写以及初步的算术运算。很多人相信大部分孩子都能掌握这些技能，事实并非如此，不是说把书写工具扔给毫无准备的孩子就可以坐等奇迹出现了。

事实上，我们这些孩子的头脑和双手已经为书写以及运算做好了充分准备，因为长期以来数量、差别、等级的概念已经扎根在他们心里了，而这些概念就是进行运算的基础。

可以说，他们之前接受的教育已经为学习文化知识的最初几步（书写、阅读和算数）做好了准备，这些准备让知识的获得变得简单、自然而有逻辑性。

之前我们已经认识到，词汇存在的意义就在于表达人们的想法，加深对事物的基本认识。同理，书写和算术让复杂的内在认知过程更加清晰，并且通过持续的新的观察，这个过程不断得到丰富。

在整个感官训练中，孩子的手和脑互相配合，为书写做好了充分的准备。当孩子的小手轻轻地停留在一个水平面上感受光滑或粗糙，或者拿起那些圆柱体准备放到相应的小孔中，或者两个小手指轻轻触碰几何图形的边缘时，孩子们就已经能够协调动作，为书写准备充分，甚至迫不及待地想用双手进行书写。

对书写活动来说，最直接的准备还是手部动作的训练。我分析了与书写相关的动作，准备了两套不同的练习。在写字的过程中，我们需要有一些动作来控制书写工具，而这种动作因人而异，因此一个人的笔迹是能够被鉴别出来的。在一些医疗病案中，医生能够从笔迹的变化中观察出神经系统相应的变化。事实上，笔迹专家们可以通过一个人的笔迹来解读他的性格特点。

除此之外，书写还有一个特征，就是运用字母符号系统。

书写包括了这两方面的内容，因此，可以有针对性地对这两方面内容进行训练。

控制书写工具的练习

在我们的教具中，有两块浅凹槽木板，每个上面都有五个粉色的金属框，里面嵌着五个蓝色的几何图形，每个图形上面有一个小小的抓手。和这套教具配套的是一盒十色的彩笔和一本设计有图案的小书，这本小书是我五年来对孩子们进行细致观察之后得出的研究成果，根据他们的实际需要，我对这些设计图案进行了筛选和分级。

这两块凹槽板并列放在一起，里面放着十个完整的插片。也

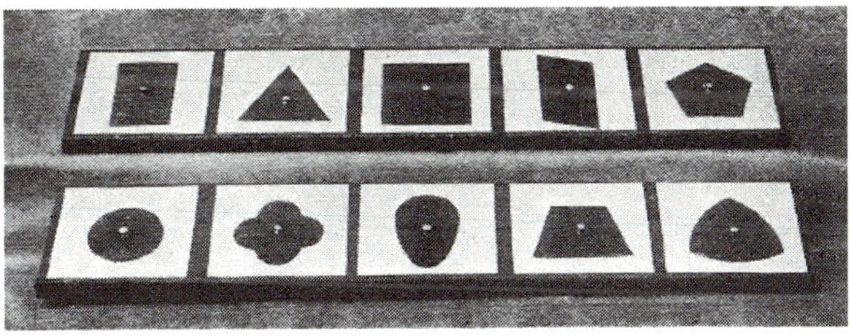

图29 展示金属插片的浅凹槽木板

就是说，这些插片都是几何图形（见图29）。发给每个孩子一张白纸和一盒十色的彩笔，把这些图形摆成一排以吸引孩子的注意力，让他们选择任意一块，按下面的步骤来教他们。

让孩子拿起一个粉色的金属框放在一张纸上，一只手按紧它，另一只手用彩笔顺着框的内缘描绘。等拿开金属框以后，他会发现纸上留下了一个闭合的几何形状，一个三角形，一个圆，或者是一个六边形等。这对他来说不是什么新的训练，因为之前他触摸木头插片时已经做过了以上练习，这次的新鲜之处在于他不是直接用手指来触碰图案的边缘，而是用彩笔做媒介来进行描绘，并且留下了痕迹。

这种练习对孩子来说很新奇，因此，在成功地完成第一个图案之后，他会接着继续做练习。这个练习和他把木质的几何图形放到卡片上类似，只是后者的图案仅有简单的线条而已。

然而这一次，当孩子把蓝色金属插片放到画出的轮廓上后，他会拿起另一支彩笔描画金属片的形状。

如果孩子画得不错，当他拿起插片时，就会发现纸上呈现的是两种颜色的图案。如果颜色挑选得当，效果会相当吸引人，这对已经经历过大量色彩感知训练的孩子们来说，更能激发兴趣。

这些细节看起来无关紧要，但事实上是至关重要的。假设不把这些金属插片摆成一行，而由老师随意地分给孩子们，那他们受到的训练就十分有限了。相反，如果把插片依次陈列在他们面前，他们就会有强烈的愿望把图形一个一个都画完，练习的次数也就大大地增多了。

两种颜色的线条会激起孩子的兴趣，他想看到其他颜色的组合，从而不断重复这种练习。不同的物体和颜色对孩子来说极具吸引力，促使他们不断练习，直至达到完美。

至此，为书写所做的准备练习就要真正开始了。画完双色轮廓图形后，接下来就像握笔写字一样，小手紧握彩笔上上下下涂画直至填满整个轮廓。这样，在纸上留下的就是清晰的填充图形，这和第一组卡片上的图案有点类似，图案的颜色可以是十个颜色中的任意一种。一开始孩子们画得很笨拙，注意不到笔画的轻重，不同颜色的线条也不平行。慢慢地技巧提高了，他们就会沿着轮廓描画，线条越来越多，越来越流畅，各线条之间也能够保持平行了。

孩子们一旦开始这些练习，就会饶有兴致地继续下去，对描线、填涂颜色都乐此不疲。他们一下子拥有了大量的绘画作品，并如获至宝地珍藏在自己的小抽屉里。这种方式锻炼了孩子对书写动作的驾驭能力，使他能够用笔自如，这些练习远比枯燥费力的笔画练习要有趣得多。

这种由金属插片引导来完成的动作还是比较粗糙和不完美的，孩子们现在该进入到填涂小画册里的设计图案这一步了。书页按照里面的顺序被一张张取下来，孩子们用上述的方法拿彩笔将图案填色。对色彩的明智选择能够鼓励孩子不断完成更多的工作，他们自主选择颜色，并表现出不错的品位。人们通常认为孩子喜欢艳丽明朗的颜色，但在我看来，事实并非如此，那是因为他们被放任在并不适合自己的简单粗糙的环境当中，没有受过专门的教育。我们的孩子完成的作品，色调搭配优美，图案安排和谐。

到了这个阶段，色彩感知教育就成为孩子们发展过程中的杠杆，这个杠杆使他们能够练就一手刚劲有力的漂亮书法。

从很多方面来讲，绘画能够使他们在填涂过程中学会控制笔画的长短。孩子们要填涂大大小小不同的几何图案、路面图案、花草、动物的各种细节或者风景图案，小手慢慢就学会了控制和适应，不仅能够完成日常的基本动作，也能够自如控制力度。

这时孩子已经做好准备书写或大或小的字体了，之后，不管是在黑板上宽宽的线条中写字，还是在练习册上相对狭窄的线条中写字，对他来说都不是问题，而这通常是大孩子才会涉及的练习。

孩子画图练习次数是无限制的，他甚至会用另一种颜色的笔重新画已经涂了色的图案。要想让这种练习持续下去，可以对孩子进行进一步的色彩感训练，也就是用水彩来画同样的图案。之后他就会自己模仿自然界的颜色调配色彩，或者调出自己想象中的微妙的颜色。由于本书篇幅有限，细节之处就不再一一阐明。

字母符号书写练习

在教具中有几盒装有字母卡片的盒子。我们首先拿出的是表面光滑的卡片，上面贴着从砂纸上剪出来的字母（见图30）。也有大一点的卡片，上面的砂纸字母根据外形相似度被分组贴在一起（见图31）。

孩子们就像真正写字一样用手触碰字母，和触碰木质插块的方式一样，他们用食指和中指触碰字母，小手抬起来的方式就像他们轻轻摸过那些粗糙和光滑的表面一样。老师先给孩子们做示范动作，如果他们已经进行了足够的触摸木质插块的练习，就可以轻松愉快地模仿老师的动作，但对没有经过这种训练的孩子来说，准确地沿着笔画来触摸字母是比较困难的。如果我们不预先

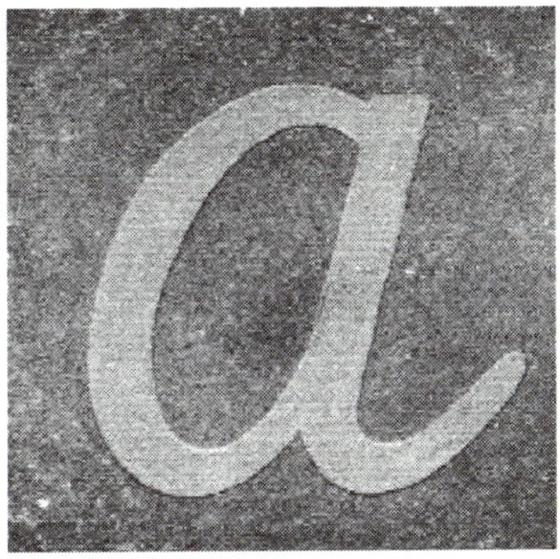

◎图30　单个砂纸字母卡片

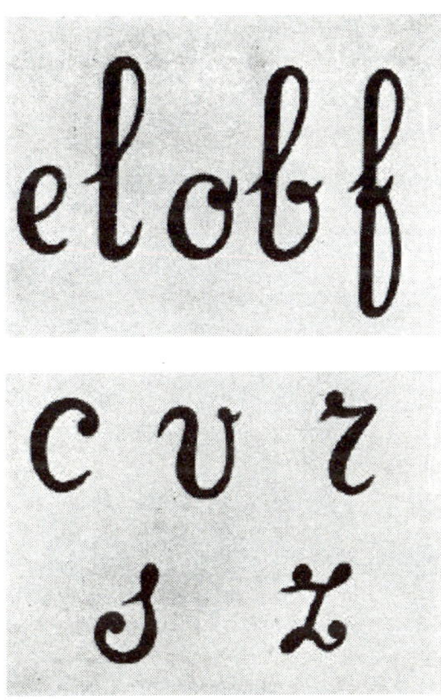

◎图31　多个砂纸字母卡片

让孩子进行手部训练，直接让他们写字，这时观察他们是件很有趣的事情，我们不仅可以发现预先为书写做准备练习的重要性，也能认识到自己强加在孩子身上的压力是多么巨大。

孩子们从触摸砂纸字母中获得了极大的乐趣。在这个练习中，他可以运用在触觉练习中所收获的能力。当孩子摸字母的时候，老师就读出这个字母的发音，然后用前面提到的三阶段授课法教课。比如，把两个元音i 和o放到孩子面前，让他们缓慢而准确地触摸，随着他们的动作来重复发音“i，i，i！o，o，o！”，然后对孩子说“把i递给老师”，“把o递给老师”，最后再来问孩子：“这个读什么啊？”孩子就会回答“i，o”。老师可以用同样的方式教授所有的字母。在教辅音的时候，只读出发音，不告诉孩子名称，这样孩子们就会一遍遍地触摸这些卡片，以此来培养书写字母的各种动作，同时对这些字母也有了视觉印象。这个过程不仅是为了书写，也是为了阅读做初步的准备，因为他摸字母的动作就是相应的书写动作，同时，看字母的过程就是阅读的过程。

事实上，孩子现在已经学会了书写必须的动作，可以开始写字了。这是他长期内在形成的重要成就，虽然他一直没有清晰地意识到，但他提笔写字的这一天会很快到来，这对他来说是一个莫大的惊喜，是无心插柳柳成荫的奇妙收获。

图32是一个由许多格子隔开的特殊小盒子，里面装有粉色和

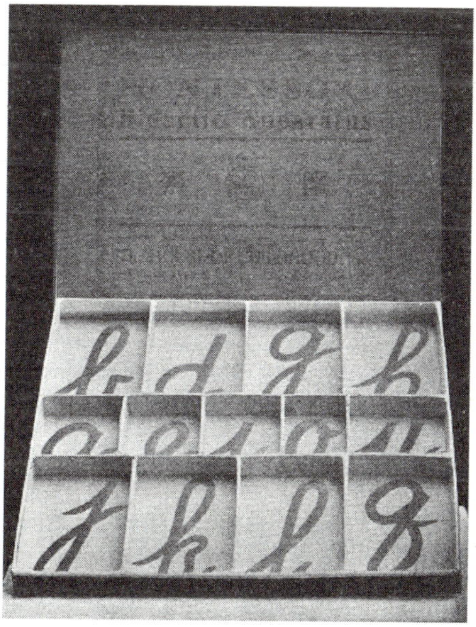

◎ 图32　装有活动字母的盒子

蓝色的纸板剪成的字母，这是用来进行单词组合的。

在表音语言中，以意大利语为例，只要清楚地发出组成一个单词的每个音，比如说m-a-n-o，受过训练的小耳朵就能辨别出组成这个单词的每个部分的发音，然后找出代表相应发音的可移动的字母，将它们摆在一起组成一个单词，比如说mano。渐渐地，他就能用同样的方式处理自己想象的单词了。他会先把这个单词拆分成单音，再把这些单音摆成一排，最后将单词组合出来。

当孩子能够用这种方式组词时，他就知道如何发音了，于是，学习书写和阅读的过程也就自然地合二为一。

如果不是表音的语言，老师可以用活动字母组成不同的单词，然后拼读出来，让孩子自己做重复组合和反复朗读字母的练习。

在教具中有两组活动字母。其中一组包含大点的字母，被分成两盒，每盒里面都包含着元音。这是用来做第一个练习的，大点的字母孩子辨认更容易些。当他认识一半的辅音之后，虽然才掌握了一部分字母，他也可以开始拼单词了。

另一组活动字母小一些，放在一个单独的盒子里。这是给已经做过拼词练习的孩子用的，这些孩子已经认识所有的字母了。

通过这些活动字母的训练，孩子能够拼写出整个单词。一般来说，这种现象的发生是出人意料的，一个从来没在纸上画过或写过字母的孩子竟然能够连续写出几个单词，从那之后，他会一直写下去，并不断地提高自己的书写能力。这种自发书写的特征是非常自然的，写出第一个单词的孩子会继续写下去，就像他第一次发音后会接着说话，迈出第一步之后会一直走下去一样顺理成章。孩子的书写进程是经过内在形成而发展的，这个过程有助于孩子的成长和完善。经过这种准备的孩子，一定能顺利地度过这个发展阶段，就像身体的成长发展过程一样，是非常自然的。

书写和阅读能力的培养既复杂又有趣，关于这方面的内容，请参考我写的其他几本书。

教育小贴士：阅读与书写准备

目标1 喜欢听故事，看图书

3～4岁	4～5岁	5～6岁
1. 主动要求成人讲故事、读图书。 2. 喜欢跟读韵律感强的儿歌、童谣。 3. 爱护图书，不乱撕、乱扔。	1. 反复看自己喜欢的图书。 2. 喜欢把听过的故事或看过的图书讲给别人听。 3. 对生活中常见的标识、符号感兴趣，知道它们表示一定的意义。	1. 专注地阅读图书。 2. 喜欢与他人一起谈论图书和故事的有关内容。 3. 对图书和生活情境中的文字符号感兴趣，知道文字表示一定的意义。

教育建议：

1. 为幼儿提供良好的阅读环境和条件。如：

- 提供一定数量、符合幼儿年龄特点、富有童趣的图画书。
- 提供相对安静的地方，尽量减少干扰，保证幼儿自主阅读。

2. 激发幼儿的阅读兴趣，培养阅读习惯。如：

- 经常抽时间与幼儿一起看图书、讲故事。
- 提供童谣、故事和诗歌等不同体裁的儿童文学作品，让幼儿自主选择和阅读。
- 当幼儿遇到感兴趣的事物或问题时，和他一起查阅图书资料，让他感受图书的作用，体会通过阅读获取信息的乐趣。

3. 引导幼儿体会标识、文字符号的用途。如：

- 向幼儿介绍医院、公用电话等生活中的常见标识，让他知道标识可以代表具体事物。
- 结合生活实际，帮助幼儿体会文字的用途。如买来新玩具时，把说明书上的文字念给幼儿听，了解玩具的玩法。

目标2　具备初步的阅读理解能力

3～4岁	4～5岁	5～6岁
1. 能听懂短小的儿歌或故事。 2. 会看画面，能根据画面说出图中有什么，发生了什么事等。 3. 能理解图书上的文字是和画面对应的，是用来表达画面意义的。	1. 能大体讲出所听故事的主要内容。 2. 能根据连续画面提供的信息，大致说出故事的情节。 3. 能随着作品的展开产生喜悦、担忧等相应的情绪反应，体会作品所表达的情绪情感。	1. 能说出所阅读的幼儿文学作品的主要内容。 2. 能根据故事的部分情节或图书画面的线索猜想故事情节的发展，或续编、创编故事。 3. 对看过的图书、听过的故事能说出自己的看法。 4. 能初步感受文学语言的美。

教育建议：

1. 经常和幼儿一起阅读，引导他以自己的经验为基础理解图书的内容。如：
   - 引导幼儿仔细观察画面，结合画面讨论故事内容，学习建立画面与故事内容的联系。

- 和幼儿一起讨论或回忆书中的故事情节，引导他有条理地说出故事的大致内容。
- 在给幼儿读书或讲故事时，可先不告诉名字，让幼儿听完后自己命名，并说出这样命名的理由。
- 鼓励幼儿自主阅读，并与他人讨论自己在阅读中的发现、体会和想法。

2. 在阅读中发展幼儿的想象和创造能力。如：

- 鼓励幼儿依据画面线索讲述故事，大胆推测、想象故事情节的发展，改编故事部分情节或续编故事结尾。
- 鼓励幼儿用故事表演、绘画等不同的方式表达自己对图书和故事的理解。
- 鼓励和支持幼儿自编故事，并为自编的故事配上图画，制成图画书。

3. 引导幼儿感受文学作品的美。如：

- 有意识地引导幼儿欣赏或模仿文学作品的语言节奏和韵律。
- 给幼儿读书时，通过表情、动作和抑扬顿挫的声音传达书中的情绪情感，让幼儿体会作品的感染力和表现力。

目标3　具有书面表达的愿望和初步技能

3～4岁	4～5岁	5～6岁
1. 喜欢用涂涂画画表达一定的意思。	1. 愿意用图画和符号表达自己的愿望和想法。 2. 在成人提醒下，写写画画时姿势正确。	1. 愿意用图画和符号表现事物或故事。 2. 会正确书写自己的名字。 3. 写画时姿势正确。

教育建议：

1. 让幼儿在写写画画的过程中体验文字符号的功能，培养书写兴趣。如：

- 准备供幼儿随时取放的纸、笔等材料，也可利用沙地、树枝等自然材料，满足幼儿自由涂画的需要。
- 鼓励幼儿将自己感兴趣的事情或故事画下来并讲给别人听，让幼儿体会写写画画的方式可以表达自己的想法和情感。
- 把幼儿讲过的事情用文字记录下来，并念给他听，使幼儿知道说的话可以用文字记录下来，从中体会文字的用途。

2. 在绘画和游戏中做必要的书写准备，如：

- 通过把虚线画出的图形轮廓连成实线等游戏，促进手眼协调，同时帮助幼儿学习由上至下、由左至右的运笔技能。
- 鼓励幼儿学习书写自己的名字。
- 提醒幼儿写画时保持正确姿势。

第9章

识谱

导读

艺术是人类感受美、表现美和创造美的重要形式，也是表达自己对周围世界的认识和情绪态度的独特方式。每个幼儿心里都有一颗美的种子。幼儿艺术领域学习的关键在于充分创造条件和机会，在大自然和社会文化生活中萌发幼儿对美的感受和体验，丰富其想象力和创造力，引导幼儿学会用心灵去感受和发现美，用自己的方式去表现和创造美。

孩子一旦学会了阅读，首先会想到用这些知识去读音符。

我们运用感官训练的乐钟教具，让学生对识谱有初步的认识。可以先把一块不太长的木板涂成淡绿色，用黑色线条在木板上绘出五线谱，再在每行的间隔处凿上圆孔，并在每个孔内标注上高音谱表的音符名称。

我们还会准备一些刚好能嵌在圆孔里的、单面标有音符名称doh、re、mi、fah、soh、lah、ti、doh的小圆片。

孩子们根据圆片上的名称提示，把它们放入相应的圆孔中（圆孔上方也标有名称），然后读出音符。这个练习可以由孩子独立完成，他们可以在练习过程中了解各个音符在五线谱中的位置。此外，孩子还可以同时进行另外一个练习，将带有音符名称的圆片放在相应乐钟的长方形底座上，因为在之前的乐感练习中，他们已经学会辨别各类乐钟发出的不同声音。

在下面的练习中，还有一个五线谱也是画在绿色木板上的，不过比这个木板要长，而且表面没有任何凹槽或标记。我们可以提供给孩子多个单面标有音符名的圆片。他可以随手拿起一个圆片读出该音符的名称，再把圆片标有音符名的一面朝下，放在五线谱上，这样，圆片的白色一面就朝上了。通过反复练习，孩子就可以把多个圆片排在同一行或同一个位置。当练习结束时，他可以把圆片都翻过来，露出标有音符名的一面，以此来检查自己是否出错。当孩子完成了高音谱表的学习，再学习低音谱，就很容易上手了。

见图33所示，这个五线谱也可以与另外一个类似的五线谱配合使用。孩子从doh开始，把圆片按照升序从左向右依次排列直到完成一个八度音阶：doh、re、mi、fah、soh、lah、ti、doh，然后再以同样的方式降序排列回到doh，但仍然向右依次排列：soh、fah、mi、re、doh。这样一来，这些圆片就形成了一个角。这时他可以继续按照降序（ti、lah、soh、fah、mi、re、doh）和升序（re、mi、

图33　五线谱

fah、soh、lah、ti）在下一个五线谱上摆放小圆片。这时，低音部的两行圆片形成的角与之前的角一起构成了一个音符菱形。

以这种方式将圆片排列完毕后，就可以把上下两个五线谱分开了。在下面的五线谱上，音符是按照低音谱表排列的。这些音符对于孩子们来说，早已耳熟能详，通过这种方式让他们把音符的声音与五线谱对应起来，这是识记五线谱的入门要素。

就这方面的实际操作而言，我们学校用的是一个微型钢琴键盘，虽然在构造上比这个教具简单，但颇具其精髓，也是摸得着看得见的。这个微型键盘只有两个八度音阶，琴键很小，按照普通琴键与成人手指的比例，这些琴键的大小跟四五岁孩子的手正好相称。琴键的所有结构一目了然（见图34），孩子敲打键盘时可以看见标有音符名称的音锤升起。音锤黑白相间，跟音符一样。

孩子独立使用这个教具进行练习非常容易。他们会发现，琴键上的音符与乐谱中的小节交相呼应，钢琴指法在这里也能得到锻炼。

虽然键盘本身是无声的，但在键盘表面的上方配有一套类似风琴管的谐振管，音锤敲击它们时，就能发出该琴键对应的音符。这样一来，孩子就可以进行有关乐音控制方面的练习了。

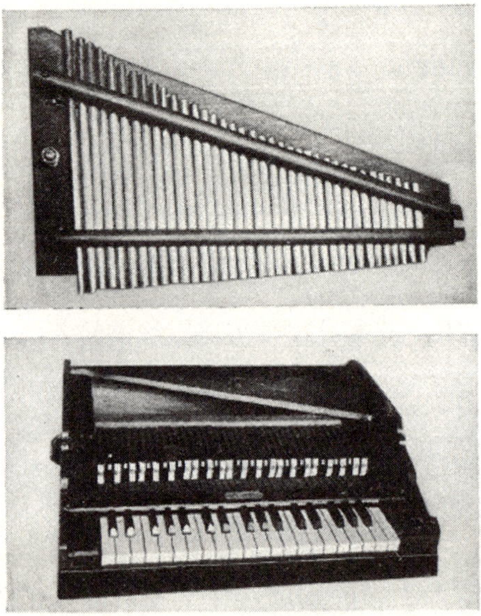

图34 无声键盘

识谱教具

在木板上刻出与音符对应的圆孔，每个圆孔中标有数字，圆片一面写有数字，另一面标注音符名称，孩子们可以把圆片放在相应的位置里。

然后，孩子们在刻有音符的五线谱上排列圆片。由于没有数字标记，他必须记住五线谱上各音符的位置才能完成这一步。拿不准时，可以参照有数字标注的木板（见图35）。

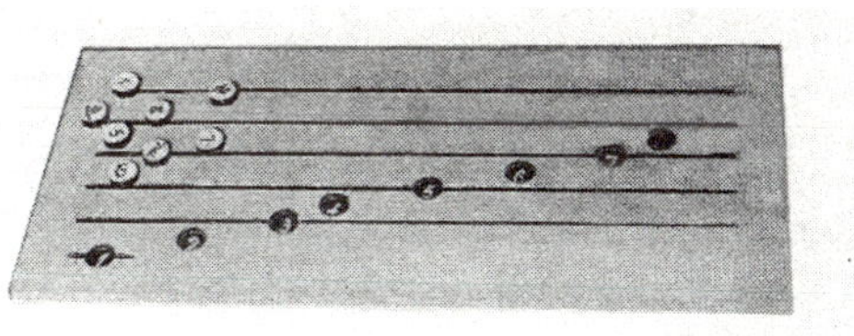

◎图35　五线谱练习工具

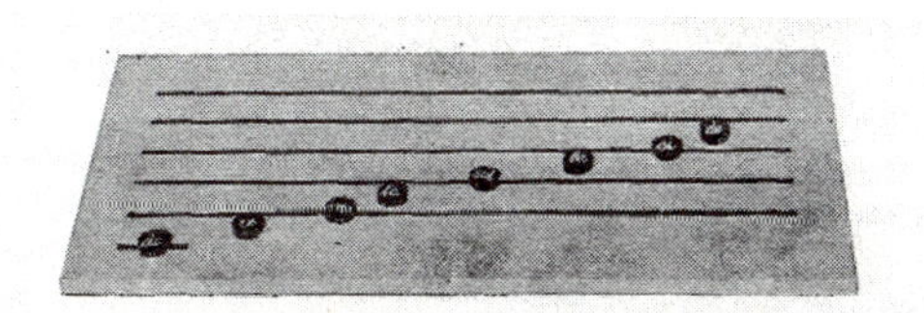

◎图36　五线谱练习工具

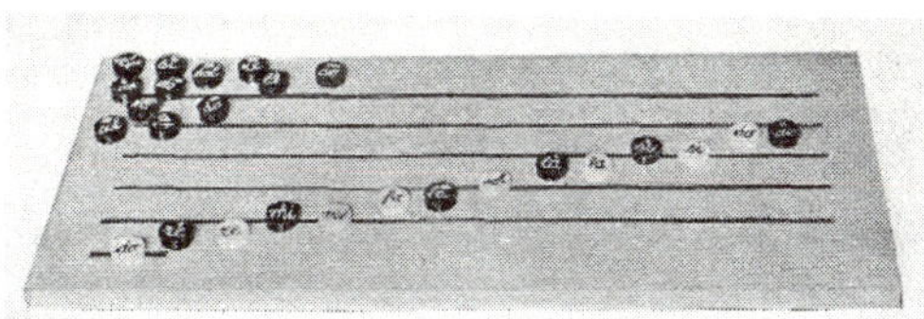

◎图37　五线谱练习工具

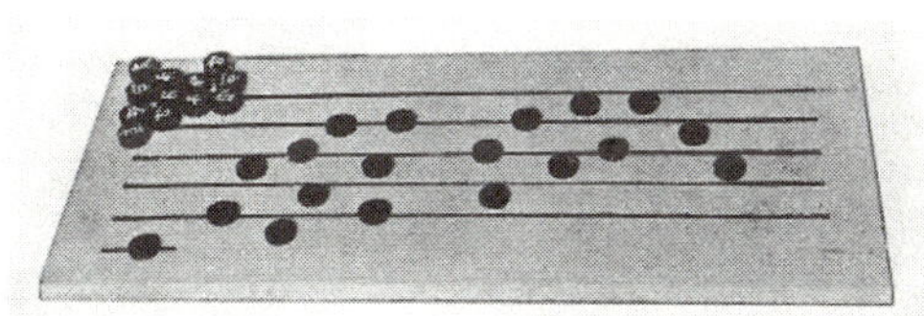

◎图38　五线谱练习工具

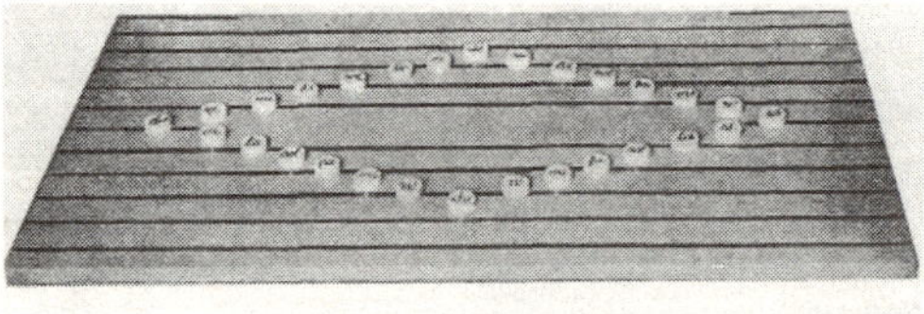

图39　五线谱练习工具

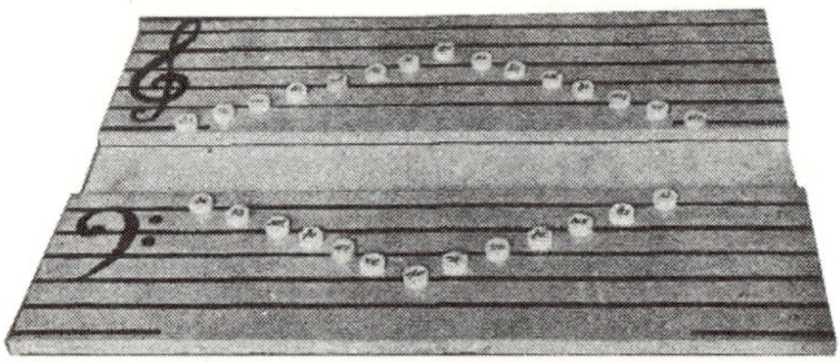

图40　五线谱练习工具（将两块木板分开，保持音符按照高低音谱的排列顺序不变，再把对应的琴键标记置于两个不同的五线谱上）

孩子在圆片相距较远的五线谱上排列半音：doh-re、re-mi、fah-soh、soh-lah、lah-ti。半音圆片一面标有升音符号，一面标有降音符号，比如re-mi#和mi-re♭分别标注在同一个圆片的正反两面。

孩子们将很多圆片在五线谱上依次排列，摆放圆片时，空白面（没有标注音符名称的一面）朝上。他们可以通过翻转圆片读出音符名称来校验答案。

孩子们把两个五线谱放在一起可以构成双重五线谱。他们把音符排列成菱形。

教育小贴士：表现与创造

目标1 喜欢进行艺术活动并大胆表现

3～4岁	4～5岁	5～6岁
1. 经常自哼自唱或模仿有趣的动作、表情和声调。 2. 经常涂涂画画、粘粘贴贴并乐在其中。	1. 经常唱唱跳跳，愿意参加歌唱、律动、舞蹈、表演等活动。 2. 经常用绘画、捏泥、手工制作等多种方式表现自己的所见所想。	1. 积极参与艺术活动，有自己比较喜欢的活动形式。 2. 能用多种工具、材料或不同的表现手法表达自己的感受和想象。 3. 艺术活动中能与他人相互配合，也能独立表现。

教育建议：

1. 创造机会和条件，支持幼儿自发的艺术表现和创造。

   - 提供丰富的便于幼儿取放的材料、工具或物品，支持幼儿进行自主绘画、手工、歌唱、表演等艺术活动。
   - 经常和幼儿一起唱歌、表演、绘画、制作，共同分享艺术活动的乐趣。

2. 营造安全的心理氛围，让幼儿敢于并乐于表达表现。如：

   - 欣赏和回应幼儿的哼哼唱唱、模仿表演等自发的艺术活动，赞赏他独特的表现方式。

- 在幼儿自主表达创作过程中，不做过多干预或把自己的意愿强加给幼儿，在幼儿需要时再给予具体的帮助。
- 了解并倾听幼儿艺术表现的想法或感受，领会并尊重幼儿的创作意图，不简单用"像不像"、"好不好"等成人标准来评价。
- 展示幼儿的作品，鼓励幼儿用自己的作品或艺术品布置环境。

目标2　具有初步的艺术表现与创造能力

3～4岁	4～5岁	5～6岁
1. 能模仿学唱短小歌曲。 2. 能跟随熟悉的音乐做身体动作。 3. 能用声音、动作、姿态模拟自然界的事物和生活情景。 4. 能用简单的线条和色彩大体画出自己想画的人或事物。	1. 能用自然的、音量适中的声音基本准确地唱歌。 2. 能通过即兴哼唱、即兴表演或给熟悉的歌曲编词来表达自己的心情。 3. 能用拍手、踏脚等身体动作或可敲击的物品敲打节拍和基本节奏。 4. 能运用绘画、手工制作等表现自己观察到或想象的事物。	1. 能用基本准确的节奏和音调唱歌。 2. 能用律动或简单的舞蹈动作表现自己的情绪或自然界的情景。 3. 能自编自演故事，并为表演选择和搭配简单的服饰、道具或布景。 4. 能用自己制作的美术作品布置环境、美化生活。

教育建议：

尊重幼儿自发的表现和创造，并给予适当的指导。如：

- 鼓励幼儿在生活中细心观察、体验，为艺术活动积累经验与素材。如，观察不同树种的形态、色彩等。
- 提供丰富的材料，见图书、照片、绘画或音乐作品等，让幼儿自主选择，用自己喜欢的方式去模仿或创作，成人不做过多要求。
- 根据幼儿的生活经验，与幼儿共同确定艺术表达表现的主题，引导幼儿围绕主题展开想象，进行艺术表现。
- 幼儿绘画时，不宜提供范画，特别不应要求幼儿完全按照范画来画。
- 肯定幼儿作品的优点，用表达自己感受的方式引导其提高。如，“你的画用了这么多红颜色，感觉就像过年一样喜庆”、“你扮演的大灰狼声音真像，要是表情再凶一点就更好了”等。

第10章

算术

导读

幼儿的科学学习是在探究具体事物和解决实际问题中，尝试发现事物间的异同和联系的过程。幼儿在对自然事物的探究和运用数学解决实际生活问题的过程中，不仅获得丰富的感性经验，充分发展形象思维，而且初步尝试归类、排序、判断、推理，逐步发展逻辑思维能力，为其他领域的深入学习奠定基础。

在孩子对计算有明确概念之前，他们已经有了一些直观的认识，有关数量的概念原本就蕴藏在感官训练的教具之中。区分异同是感官训练在实际教学中的技巧之一，即从认识相同物品开始，再试着把相似的物品按照渐变的顺序排列。这里我举一个特别的例子，就是使用圆柱体训练的第一项练习。对于这项练习，即使是两岁半的孩子，也能够轻松上手。当他错把一个圆柱体放进比它大的洞里，最后会剩下一个圆柱体没有位置可放，他就会在一系列的练习中自然而然地思考：为什么总有一个放不到对应的位置上？有时老师会匆忙灌输有关数字的初步知识，但孩子尚未做好接受这些知识的准备，效果并不好，只有经过循序渐进的练习和缓慢的自我形成过程，孩子的大脑才做好了准备。

要想直接开始算术的教学，就要借助曾在感官训练时用过的一套教具。

让我们来看一下圆柱体练习之后向孩子们展示的三套教具，分别是教孩子区分大小的教具（粉红色立方体积木）、教孩子认识厚度的教具（棕色棱柱积木）和教孩子认识长度的教具（绿色木棒）。每套教具的十个物件之间都存在着一定的关系，在认识长度的那组教具中，最短的那块木棒是其余所有木棒的计量单位，第二块木棒是它的两倍，第三块是它的三倍，等等，虽然每根木棒长度增加十厘米，但其他的尺寸保持不变（即所有木棒的截面都是相同的）。

这些物件之间具有跟自然数1、2、3、4、5、6、7、8、9、10完全一致的序列关系。

在第二组教孩子认识厚度的那组工具中，棱柱的长度保持不变，正方形截面发生了变化。截面的边长按照自然数序列变化，即第一个棱柱的正方形截面边长为1厘米，第二个为2厘米，第三个为3厘米，等等，依此类推，直到第十个棱柱，它的正方形截面边长为10厘米。因此，棱柱彼此之间的比例与自然数的平方所成序列（1、4、9等）相同，这是因为四个边长为1厘米的棱柱的截面才能构成边长为2厘米的第二个棱柱的截面，9个边长为1厘米的棱柱截面方能构成边长为3厘米的第三个棱柱的截面，以此类推，教孩子认识厚度的十个物件之间存在如下的比例关系：1：4：9：16：25：36：49：64：81：100。

粉红色立方体的棱长是按照自然数序列递增的，即第一个立方体的棱长为1厘米，第二个为2厘米，第三个为3厘米，以此类推，直至第十个立方体，它的棱长就是10厘米。因此，它们的体积之间存在的关系就是从1到10这些数的立方之比，即1：8：27：64：125：216：343：512：729：1000。事实上，要组成棱长为2厘米的第二个粉红色立方体，就需要8个棱长为1厘米的第一个粉红的立方体，要组成棱长为3厘米的第三个粉红色立方体，就需要27个棱长为1厘米的第一个粉红色立方体，依此类推。

孩子们天生就具有对事物进行区分的能力，因为他们能意识到粉红色立方体的练习是三套练习中最容易的，而绿色木棒的练习是最困难的（见图41）。当我们教孩子算术时，要选用长一些的木棒，但是需要对这些木棒进行改装，把它们分成十个部分，每部分长度都是10厘米，并把这些木棒漆成红蓝相间状。比如，

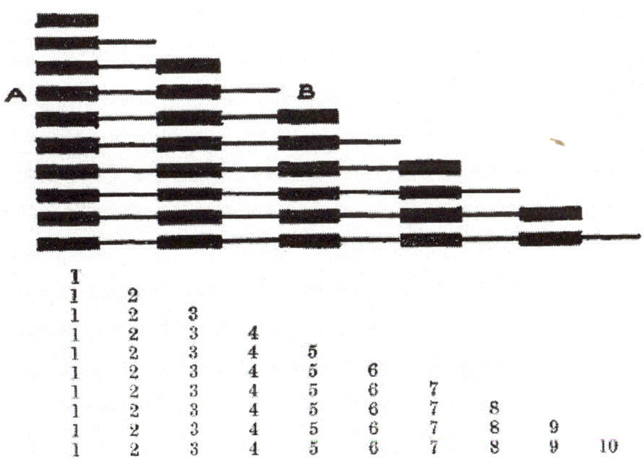

图41　说明木棒用法的图表

比第一根木棒长4倍的那根木棒显然是由4根相同长度的木棒构成的，它们呈现出红蓝相间的颜色，其余的也是这样。

把木棒按顺序摆好之后，我们就可以教孩子计数了：1、2、3等。边数边用手点着木棒，从1数到10。为了帮助孩子获得清晰的计数概念，我们继续使用三阶段方法来让孩子对单个木棒进行识别。

把头三根木棒放在孩子面前，指着它们或者把它们依次握在手中。在把木棒展示给孩子的时候，我们可以说“这是1”，“这是2”，“这是3”。我们指着每个木棒的分割线来计数，一边数一边确认，“1、2，这是2”，“1、2、3，这是3”，然后，对孩子说“给我2”，“给我1”，“给我3”。最后，我们指着一根木棒问孩子：“这是几？”孩子回答“3”，然后，我们和孩子一起数：“1、2、3。”

用同样的方法，我们可以按顺序教孩子计数。根据孩子的表现，每次在原有的基础上添加1～2根木棒。

这套教具的重要性在于它能够给孩子提供一个直观的计数概念，因为当提到一个数字时，该数字就像一个具体存在的实物，数字和实物是一个统一体。我们说某人拥有100万，意味着他所拥有的财富可以用100万个相应的价值单位来衡量，而且所有的这些价值单位都属于这个人。

所以，在数字8的基础上加上7（7+8），则是数字之间的加法运算，且这些数字本身都很明确地代表着同类单位的集合。

另外，当孩子向我们展示数字9的时候，他手里拿着一根不易弯曲的木棒——木棒本身完整，但它是由用于计数的9个等值部分构成的。孩子做加法8+2的时候，就会把两根木棒连接好摆放在一起，其中一根木棒由8根长度相等的小木棒组成，另一根则由2根长度相等的小木棒组成。另一方面，在普通学校里，老师在教孩子算术时，为了使计算更容易，总是会给孩子不同的物品比如豆子、弹球等来计数，一旦涉及到我所提到的计算8+2，孩子会拿出8个弹球，然后添加2个。如此一来，孩子脑海中留下的印象不是自己做了8+2的运算，而是做了1+1+1+1+1+1+1+1，然后再做1+1的数字计算。整个结果对孩子而言并不那么清晰，而孩子还必须努力牢记这样一个概念：8个弹球作为一个整体对应一个单个的数字8。

这种方法常常让孩子退而不前，使他在数字理解方面的进步落后几个月，甚至几年。

使用孩子们认识长度的教具可以使10以内的数字加减运算变得非常简单。让他先把木棒按照正确的顺序（摆放长楼梯的顺序）排列好，接着拿起最后一根木棒1放在9旁边。同样地，把2摆放到8的旁边，依此类推，直到5为止。

这个十分简单的游戏展示了10以内的加法运算：9+1，8+2，

7+3，6+4。当孩子要把木棒放回原处的时候，必须先把4拿走，并且把它放回到5的下面，然后，依次拿走3、2、1。整个过程中，孩子不但把木棒按照正确的顺序放回原处，而且还做了一系列的减法运算：10–4，10–3，10–2，10–1。

教导孩子实际的数字，标志着孩子从木棒游戏到利用独立单位进行计算迈进了一步。孩子一旦认识了数字，就可以在抽象的领域运用数字了，这跟之前在具体实物练习中用木棒计算一样。也就是说，数字代表了一定数量的独立单位可以组合成的一个整体。

我们可以说，语言的综合功能以及它为人类智力活动展现的广阔领域可以通过数字的功能来证明，现在数字可以替代具体的木棒了。

使用木棒练习，只会把算术的范围限制在10或者稍大一点的数字内。在意识的建立过程中，这些运算与简单初级的感官教育相比只稍微进步了一点点。

数字作为一种单词，一种图形符号，能够使人类的数学思维在其进化的过程中取得无限的进步。

在教具当中有一盒光滑的卡片，上面粘有从砂纸上裁剪下来的从1到9的数字，这有点类似于粘有砂纸字母的卡片。我们采取的教学方法与前面的一样：让孩子一边按照数字书写的方向触摸数字，一边念出数字的名称。

在数字教学中，孩子要做的比他在字母学习时要多得多，他会看到怎样把每个数字放到对应的木棒上面。当所有的数字都以这种方式学完之后，最先要做的练习就是把数字卡片放到按照顺序排放好的木棒上面。这样摆放好之后，整个教学过程就步骤连贯，有条不紊了，孩子们也乐在其中，愿意长时间地重复这种智力游戏。

在这个练习之后，我们会让孩子进行自由练习。孩子逐渐掌握了数字，并学会了如何把数字组合在一起。

为了实现上述目标，我们的教学用具中备有一套纺锤形的木棒，还有各种各样的小东西，包括木条、小积木和筹码等。

练习的内容包括在数字对面放上相应数目的东西，孩子可以使用教学用具中的盒子来做这个练习（见图42）。这个盒子分隔成了不同的小格子，每个小格子上都印着一个数字，孩子需要把相应数目的纺锤棒放入这些小格子里。

图42　纺锤棒盒

另外一个练习方法是把所有数字放在桌子上，再在数字的下方放置相应数目的积木、筹码等。

以上这些只是第一步，我们不可能谈及与数字0、10以及其他算术过程相关的后续课程，要了解这方面的具体细节，请参阅我撰写的其他内容更详尽的书。可在这里，教学用具本身还是能够说明一些问题的。在盛放纺锤棒的盒子里，有一个小格子上面印着0这个数字，在这个格子里什么也不能放，所以我们从1开始。

0代表什么也没有，但把它放在1的旁边就得以让我们在计数超过9时，可以继续数下去，直到10。

这些数字固定在框架上，数字1到9可以滑动从而遮住数字0。这样，如果数字10的0被1遮住，就会显示出数字11，如果数字10的0被2遮住，结果就显示为12，依此类推，直到最后数字9遮住数字10的0我们得到19。接着开始20的练习（第二个10），诸如此类（见图43）。

我们还可以用数棒来进行这个练习。先从框架上的10开始，将数棒10拿出来，然后把短数棒1摆在旁边，同时移动数字1将0盖住。接下来，将数棒1和数字1从框架上拿走，将数棒2放到数棒10的旁边，同时用数字2遮住0，直到数棒9和数字9。要想进行进一步的练习，需要用两个数棒10组成20。

图43 练习算术用的长方形架

孩子们做上述练习时表现出极大的热情，这些练习对他们而言事实上是两组活动，在活动的过程中孩子们就对数字有了清晰的概念。

在书写和算术领域，通过辛勤的教育，我们已经取得了一定的成果，这包括帮助孩子协调肢体动作，并形成对世界的初步认识，这种发展与成长是一个人第一次与世界进行智力对话的自然结果。

孩子在训练初期获得的这些知识，如果不经过书面文字和数字进行强化，就会很快荒废掉。因此，一旦孩子学会文字和数字，这些体验将为他未来的教育前景提供有益的帮助。所以，我们现在所做的事情就是为了引导孩子走进更高文化水平的大门，让孩子能够不断进步并进入学校学习，但不是现今我们熟知意义上的学校。当今的大部分学校都缺乏理性，他们只是设法把文化知识填鸭式地灌输给孩子们，而孩子们却没有做好准备，也没有受过训练去接受这些学习内容。

为了使那些已经受过训练并且还没有对工作感到厌倦的头脑保持健康，我们应该创办一种新式学校，让他们能够进一步学习文化知识。我那些针对更大年龄段孩子的教学方法是现在这种教学方法的延续，它们已经非常先进了。

教育小贴士：幼儿数学认知

目标1　初步感知生活中数学的有用和有趣

3~4岁	4~5岁	5~6岁
1. 感知和发现周围物体的形状是多种多样的，对不同的形状感兴趣。 2. 体验和发现生活中很多地方都用到数。	1. 在指导下，感知和体会有些事物可以用形状来描述。 2. 在指导下，感知和体会有些事物可以用数来描述，对环境中各种数字的含义有进一步探究的兴趣。	1. 能发现事物简单的排列规律，并尝试创造新的排列规律。 2. 能发现生活中许多问题都可以用数学的方法来解决，体验解决问题的乐趣。

教育建议：

1. 引导幼儿注意事物的形状特征，尝试用表示形状的词来描述事物，体会描述的生动形象性和趣味性。如：
    - 参观游览后，和幼儿一起谈论所看到的事物的形状，鼓励幼儿产生联想，并用自己的语言进行描述。如：熊猫的身体圆圆的，全身好像是一个个的圆形组成的。
    - 和幼儿交谈或读书讲故事时，适当地运用一些有关形状的词汇来描述事物，如看图片时，和幼儿讨论奥运会场馆的形状，体会为什么有的场馆叫“水立方”，有的叫“鸟巢”。
2. 引导幼儿感知和体会生活中很多地方都用到数，关注周围与自己生活密切相关的数的信息，体会数可以代表不同的意义。如：
    - 和幼儿一起寻找发现生活中用数字作标识的事物，如电话号码、时钟、日历和商品的价签等。
    - 引导幼儿了解和感受数用在不同的地方，表示的意义是不一样的。如天气预报中表示气温的数代表冷热状况；钟表上的数表明时间的早晚等。
    - 鼓励幼儿尝试使用数的信息进行一些简单的推理。如知道今天是星期五，能推断明天是星期六，爸爸妈妈休息。
3. 引导幼儿观察发现按照一定规律排列的事物，体会其中的排列特点与规律，并尝试自己创造出新的排列规律。如：

- 和幼儿一起发现和体会按一定顺序排列的队形整齐有序。
- 提供具有重复性旋律和词语的音乐、儿歌和故事，或利用环境中有序排列的图案（如按颜色间隔排列的瓷砖、按形状间隔排列的珠帘等），鼓励幼儿发现和感受其中的规律。
- 鼓励幼儿尝试自己设计有规律的花边图案、创编有一定规律的动作，或者按某种规律进行搭建活动。
- 引导幼儿体会生活中很多事情都是有一定顺序和规律的，如一周七天的顺序是从周一到周日，一年四季按照春夏秋冬轮回等。

4. 鼓励和支持幼儿发现、尝试解决日常生活中需要用到数学的问题，体会数学的用处。如：

- 拍球、跳绳、跳远或投沙包时，可通过数数、测量的方法确定名次。
- 讨论春游去哪里玩时，让幼儿商量想去哪里玩，统计每个想去的地方有多少人。根据统计结果做出决定。
- 滑滑梯时，按照“先来先玩”的规则有序地排队玩。

目标2 感知和理解数、量及数量关系

3~4岁	4~5岁	5~6岁
1. 能感知和区分物体的大小、多少、高矮长短等量方面的特点，并能用相应的词表示。 2. 能通过一一对应的方法比较两组物体的多少。 3. 能手口一致地点数5个以内的物体，并能说出总数。能按数取物。 4. 能用数词描述事物或动作。如我有4本图书。	1. 能感知和区分物体的粗细、厚薄、轻重等量方面的特点，并能用相应的词语描述。 2. 能通过数数比较两组物体的多少。 3. 能通过实际操作理解数与数之间的关系，如5比4多1，2和3合在一起是5。 4. 会用数词描述事物的排列顺序和位置。	1. 初步理解量的相对性。 2. 借助实际情境和操作（如合并或拿取）理解“加”和“减”的实际意义。 3. 能通过实物操作或其他方法进行10以内的加减运算。 4. 能用简单的记录表、统计图等表示简单的数量关系。

教育建议：

1. 引导幼儿感知和理解事物“量”的特征。如：

- 感知常见事物的大小、多少、高矮、粗细等量的特征，学习使用相应的词汇描述这些特征。
- 结合具体事物让幼儿通过多次比较逐渐理解“量”是相对的。如小亮比小明高，但比小强矮。
- 收拾物品时，根据情况，鼓励幼儿按照物体量的特征分类整理。如整理图书时按照大小摆放。

2. 结合日常生活，指导幼儿学习通过对应或数数的方式比较物体

的多少。如：

- 鼓励幼儿在一对一配对的过程中发现两组物体的多少。如，在给桌子上的每个碗配上勺子时，发现碗和勺多少的不同。
- 鼓励幼儿通过数数比较两样东西的多少。如数一数有多少个苹果，多少个梨，判断苹果和梨哪个多，哪个少。

3. 利用生活和游戏中的实际情境，引导幼儿理解数概念。如：

- 结合生活需要，和幼儿一起手口一致点数物体，得出物体的总数。
- 通过点数的方式让幼儿体会物体的数量不会因排列形式、空间位置的不同而发生变化。如鼓励幼儿将一定数量的扣子以不同的形式摆放，体会扣子的数量是不变的。
- 结合日常生活，为幼儿提供“按数取物”的机会，如游戏时，请幼儿按要求拿出几个球。

4. 通过实物操作引导幼儿理解数与数之间的关系，并用“加”或“减”的办法来解决问题。如：

- 游戏中遇到让4个小动物住进两间房子的问题，或生活中遇到将5块饼干分给两个小朋友问题时，让幼儿尝试不同的分法。
- 鼓励幼儿尝试自己解决生活中的数学问题。如家里来了5位客人，桌子上只有3个杯子，还需要几个杯子等。
- 购少量物品时，有意识地鼓励幼儿参与计算和付款的过程等。

目标3　感知形状与空间关系

3～4岁	4～5岁	5～6岁
1. 能注意物体较明显的形状特征，并能用自己的语言描述。 2. 能感知物体基本的空间位置与方位，理解上下、前后、里外等方位词。	1. 能感知物体的形体结构特征，画出或拼搭出该物体的造型。 2. 能感知和发现常见几何图形的基本特征，并能进行分类。 3. 能使用上下、前后、里外、中间、旁边等方位词描述物体的位置和运动方向。	1. 能用常见的几何形体有创意地拼搭和画出物体的造型。 2. 能按语言指示或根据简单示意图正确取放物品。 3. 能辨别自己的左右。

教育建议：

1. 用多种方法帮助幼儿在物体与几何形体之间建立联系。如：

- 引导幼儿感受生活中各种物品的形状特征，并尝试识别和描述。如感受和识别盘子、桌子、车轮、地砖等物品的形状特征。
- 鼓励和支持幼儿用积木、纸盒、拼板等各种形状材料进行建构游戏或制作活动。如用长方形的纸盒加两个圆形瓶盖制作“汽车”。
- 收拾整理积木时，引导幼儿体验图形之间的转换。如两个三角形可组合成一个正方形，两个正方形可组合成一个长方形。

- 引导幼儿注意观察生活物品的图形特征，鼓励他们按形状分类整理物品。

2. 丰富幼儿空间方位识别的经验，引导幼儿运用空间方位经验解决问题。如：

- 请幼儿取放物体时，使用他们能够理解的方位词，如把桌子下面的东西放到窗台上，把花盆放在大树旁边等。
- 和幼儿一起识别熟悉场所的位置。如超市在家的旁边，邮局在幼儿园的前面。
- 在体育、音乐和舞蹈活动中，引导幼儿感受空间方位和运动方向。
- 和幼儿玩按指令找宝的游戏。对年龄小的幼儿要求他们按语言指令寻找，对年龄大些的幼儿可要求按照简单的示意图寻找。

第11章

精神道德因素

导读

幼儿社会领域的学习与发展过程是其社会性不断完善并奠定健全人格基础的过程。人际交往和社会适应是幼儿社会学习的主要内容，也是其社会性发展的基本途径。幼儿在与成人和同伴交往的过程中，不仅学习如何与人友好相处，也在学习如何看待自己、对待他人，不断发展适应社会生活的能力。良好的社会性发展对幼儿身心健康和其他各方面的发展都具有重要影响。家庭、幼儿园和社会应共同努力，为幼儿创设温暖、关爱、平等的家庭和集体生活氛围，建立良好的亲子关系、师生关系和同伴关系，让幼儿在积极健康的人际关系中获得安全感和信任感，发展自信和自尊，在良好的社会环境及文化的熏陶中学会遵守规则，形成基本的认同感和归属感。

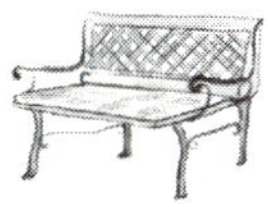

本书对“儿童之家”所采用的教育方式进行了简单介绍，可能让读者感觉到我们的教育体系是富有逻辑性而令人信服的。但我教育方法的重点不在于展示本身，而在于它在孩子身上产生的效果。是孩子们的自发表现证明了这种方法的价值所在，这种自发表现也显示出了人类内在发展的规律。[①]“儿童之家”就像一个实验室，能给心理学研究带来很多重大的发现，因为心理研究（尤其是心理缘起领域）[②]中最基本的要素就是建立规范的条件，让思维自由地发展。

如上所述，只要孩子们的行为不是故意捣乱，我们就给他们充分的自由完成自己的工作。也就是说，我们排除了无秩序的所谓不好的因素，但允许那些有序的好的因素得到最大限度的自由发挥。

这样做取得的成果是令人吃惊的，孩子们对工作表现出了极

① 可参阅蒙台梭利其他作品中关于“自制”的章节。

② 心理的起源与发展。

大的热情，他们的动作从容有序，甚至可以称得上优雅。自发的纪律，班级的秩序感，是我们的教学方法最令人动容的部分。

人之初性本善还是性本恶，这是古代哲学家讨论的话题，经常会有人把它和我的教学方法联系在一起，支持这种教学法的人认为它展示了人性美好的一面，而很多反对者认为对孩子放任自流是危险的，因为他们天性中有恶的倾向。

我想从比较积极的方面来讨论这个话题。

我们对善和恶的理解有时候是截然不同的，尤其在和小孩子实际打交道的过程中经常混淆这两个概念。3 ~ 6岁的孩子的行为经常容易被指责为恶，主要是因为他们经常惹恼大人。大人们是因为不了解他们的需求而试图阻止他们的每一个动作，阻止他们去了解世界的各种尝试（比如说到处乱摸东西等），但孩子们正是通过这种自然倾向的引导来协调自己的动作，获得印象，尤其是触觉印象。当被禁止的时候他们会反抗，这样的反抗就被视为淘气。

如果我们采取正确的方式并且给孩子充分的自由，他们就没有理由反抗，恶的一面也就消失了，这时会出现什么样的奇迹呢？

进一步来说，如果父母和老师能经常洋溢愉悦之情，而不是动辄发火，孩子们的精神面貌就会平和而温柔，和之前判若两人。

其实正是我们成人刺激了孩子，使他们不得不为自己的生存而激烈反抗。为了满足自己心灵发展的需求，他们经常不得不忤逆大人的意思，被迫从我们这里拿走自己必需的东西，或者从其他孩子那里争夺自己渴求的东西。

另一方面，如果我们把生存所必需的东西提供给他们，孩子们就不必因此而挣扎，取而代之的是他们的茁壮成长。这个问题涉及了一个卫生学的原则，这个原则与大脑快速发展的关键时期的神经系统相关，研究儿童疾病和神经紊乱的专家们对此应该有极大的兴趣。如果我们关注人类健康，就应该牢记，人的精神生活和智力的起源是受特殊的规律和至关重要的东西制约的。

因此，能够培养孩子和保护他们内心精神健康的教育理念，是一个全球性的问题，不仅和学校及老师有关，对众多家庭和父母来说，也是至关重要的。

要想找出问题的答案，通常需要对问题做进一步的探讨。比如当我们看到人们为了一片面包而大打出手的时候可能会说："人真是罪恶的！"但我们如果走进一家温暖的餐馆，看着人们安静地找座位坐下，彼此关系融洽，毫无怨恨，悠闲地点餐，可能会说："这些人多好啊！"很显然，绝对的善和恶的问题，或者说引导我们进行评判的直觉超出了这样的界限。举例来说，我们可以给所有人都提供环境舒适的餐厅，而不直接影响他们的道德问题。有人可能会说，与吃得不好的人相比，吃得好的人外表看起来确实更好，素质更高，不太可能犯罪，但如果因此而得出结论说富裕的人就是好人，显然也是不对的。

但不可否认，从善的一个重要因素是衣食无忧，因为这样人们就不会有罪恶的举动，也不会有因缺乏面包而产生的痛苦。

现在我们要谈论的是更深的需求——人的精神食粮和他更高功能的需求。我们已经取得了令人欣喜的成果，因为我们找到了让孩子更加善良和从容的新方法，而且通过实践经验，我们不断完善了这些方法，它们概括起来有两点：工作的有序组织和自由。

有序的工作组织可以让孩子提升自我，散发能量，给他们带来有益的、平和的满足感。以此为前提的自由，可以完善孩子们的活动，培养他们良好的自制力，而这种自制力源于孩子身上镇静从容的新品质。

仅有自由而没有秩序的工作是毫无用处的。被放任自流的孩子会荒废掉，就像未加哺育的新生儿，会死于饥饿。如果想让孩子表现出善良美好的一面，就必须注意培养工作组织的有序性，这是至关重要的一点。但即使工作组织得非常有序，如果不给孩子充分的自由，也是徒劳的。没有自由，孩子就不能充分释放自己的能量，也不能获得满足感。

相似的情况不是也在人类的历史上发生过吗？人类文明发展

的进程就是一部不断尝试而获得成功的历史，人们努力让工作更加有序，努力争取自由。总的来说，人类变得越来越善良，他们从荒蛮到文明的进步就是证明。应该说，各种各样的犯罪、暴行，随着人类进程的发展也是不断减少的。

事实上，我们这个时代的各种犯罪行为，可以被看成是残留在文明人当中的野蛮行为。因此，社会只有在工作方面表现出纪律性的时候，才能得到更深层次的净化。与此同时，在不知不觉中，工作的有序性和自由之间的障碍最后也就渐渐消失了。

如果以上就是人类社会带给我们的启示，那么，如果我们从孩子3～6岁的时候开始就训练他们的秩序感，并且给他们充分的自由，他们的成绩将会多么令人惊喜啊！正因如此，在我们眼中，他们才如此美好，就像黑夜里的曙光，给人重生的希望。

人类在工作和自由的道路上曲折前行，犹能不怕艰辛，不断进步，那么，我们为什么要担心同样的道路对孩子来讲会是灾难之路呢？

然而，从另一方面来讲，我并不是说给小家伙们自由，培养他们善良的品性就能解决人类社会中绝对的善恶问题，只能说在促进向善的路上，我们所做的一切，有助于消除引起暴力和反叛的因素。

因此，我们所做的就是尽一切能力，努力培养孩子的善良品性，正如《圣经》所言："凯撒之物应还给凯撒，上帝之物应还给上帝。"①

教育小贴士：道德因素的培养

（一）人际交往能力

目标1　愿意与人交往

3～4岁	4～5岁	5～6岁
1. 愿意和小朋友一起游戏。 2. 愿意与熟悉的长辈一起活动。	1. 喜欢和小朋友一起游戏，有经常一起玩的小伙伴。 2. 喜欢和长辈交谈，有事愿意告诉长辈。	1. 有自己的好朋友，也喜欢结交新朋友。 2. 有问题愿意向别人请教。 3. 有高兴的或有趣的事愿意与大家分享。

教育建议：

1. 主动亲近和关心幼儿，经常和他一起游戏或活动，让幼儿感受到与成人交往的快乐，建立亲密的亲子关系和师生关系。

2. 创造交往的机会，让幼儿体会交往的乐趣。如：

- 利用走亲戚、到朋友家做客或有客人来访的时机，鼓励幼儿与他人接触和交谈。

① 语出《圣经·马太福音》第22章第21节。此处意思为：消除罪恶，使人变得完美是只有上帝能做到的，但创造条件，尽己所能，培养孩子的良好品性却是我们人类可以做到的。

- 鼓励幼儿参加小朋友的游戏，邀请小朋友到家里玩，感受有朋友一起玩的快乐。
- 幼儿园应多为幼儿提供自由交往和游戏的机会，鼓励他们自主选择、自由结伴开展活动。

目标2　能与同伴友好相处

3～4岁	4～5岁	5～6岁
1. 想加入同伴的游戏时，能友好地提出请求。 2. 在成人指导下，不争抢、不独霸玩具。 3. 与同伴发生冲突时，能听从成人的劝解。	1. 会运用介绍自己、交换玩具等简单技巧加入同伴游戏。 2. 对大家都喜欢的东西能轮流、分享。 3. 与同伴发生冲突时，能在他人帮助下和平解决。 4. 活动时愿意接受同伴的意见和建议。 5. 不欺负弱小。	1. 能想办法吸引同伴和自己一起游戏。 2. 活动时能与同伴分工合作，遇到困难能一起克服。 3. 与同伴发生冲突时能自己协商解决。 4. 知道别人的想法有时和自己不一样，能倾听和接受别人的意见，不能接受时会说明理由。 5. 不欺负别人，也不允许别人欺负自己。

教育建议：

1. 结合具体情境，指导幼儿学习交往的基本规则和技能。如：

- 当幼儿不知怎样加入同伴游戏，或提出请求不被接受时，建议他拿出玩具邀请大家一起玩；或者扮成某个角色加入同伴的游戏。

- 对幼儿与别人分享玩具、图书等行为给予肯定，让他对自己的表现感到高兴和满足。
- 当幼儿与同伴发生矛盾或冲突时，指导他尝试用协商、交换、轮流玩、合作等方式解决冲突。
- 利用相关的图书、故事，结合幼儿的交往经验，和他讨论什么样的行为受大家欢迎，想要得到别人的接纳应该怎样做。
- 幼儿园应多为幼儿提供需要大家齐心协力才能完成的活动，让幼儿在具体活动中体会合作的重要性，学习分工合作。

2. 结合具体情境，引导幼儿换位思考，学习理解别人。如：
   - 幼儿有争抢玩具等不友好行为时，引导他们想想“假如你是那个小朋友，你有什么感受”，让幼儿学习理解别人的想法和感受。

3. 和幼儿一起谈谈他的好朋友，说说喜欢这个朋友的原因，引导他多发现同伴的优点、长处。

目标3　具有自尊、自信、自主的表现

3～4岁	4～5岁	5～6岁
1. 能根据自己的兴趣选择游戏或其他活动。 2. 为自己的好行为或活动成果感到高兴。 3. 自己能做的事情愿意自己做。 4. 喜欢承担一些小任务。	1. 能按自己的想法进行游戏或其他活动。 2. 知道自己的一些优点和长处，并对此感到满意。 3. 自己的事情尽量自己做，不愿意依赖别人。 4. 敢于尝试有一定难度的活动和任务。	1. 能主动发起活动或在活动中出主意、想办法。 2. 做了好事或取得了成功后还想做得更好。 3. 自己的事情自己做，不会的愿意学。 4. 主动承担任务，遇到困难能够坚持而不轻易求助。 5. 与别人的看法不同时，敢于坚持自己的意见并说出理由。

教育建议：

1. 关注幼儿的感受，保护其自尊心和自信心。如：

- 能以平等的态度对待幼儿，使幼儿切实感受到自己被尊重。
- 对幼儿好的行为表现多给予具体、有针对性的肯定和表扬，让他对自己优点和长处有所认识并感到满足和自豪。
- 不要拿幼儿的不足与其他幼儿的优点作比较。

2. 鼓励幼儿自主决定，独立做事，增强其自尊心和自信心。如：

- 与幼儿有关的事情要征求他的意见，即使他的意见与成人不同，也要认真倾听，接受他的合理要求。

- 在保证安全的情况下，支持幼儿按自己的想法做事；或提供必要的条件，帮助他实现自己的想法。
- 幼儿自己的事情尽量放手让他自己做，即使做得不够好，也应鼓励并给予一定的指导，让他在做事中树立自尊和自信。
- 鼓励幼儿尝试有一定难度的任务，并注意调整难度，让他感受经过努力获得的成就感。

目标4　关心尊重他人

3～4岁	4～5岁	5～6岁
1. 长辈讲话时能认真听，并能听从长辈的要求。 2. 身边的人生病或不开心时表示同情。 3. 在提醒下能做到不打扰别人。	1. 会用礼貌的方式向长辈表达自己的要求和想法。 2. 能注意到别人的情绪，并有关心、体贴的表现。 3. 知道父母的职业，能体会到父母为养育自己所付出的辛劳。	1. 能有礼貌地与人交往。 2. 能关注别人的情绪和需要，并能给予力所能及的帮助。 3. 尊重为大家提供服务的人，珍惜他们的劳动成果。 4. 接纳、尊重与自己的生活方式或习惯不同的人。

教育建议：

1. 成人以身作则，以尊重、关心的态度对待自己的父母、长辈和其他人。如：

- 经常问候父母，主动做家务。
- 礼貌地对待老年人，如坐车时主动为老人让座。
- 看到别人有困难能主动关心并给予一定的帮助。

2. 引导幼儿尊重、关心长辈和身边的人，尊重他人劳动及成果。如：

- 提醒幼儿关心身边的人，如妈妈累了，知道让她安静休息一会儿。
- 借助故事、图书等给幼儿讲讲父母抚育孩子成长的经历，让幼儿理解和体会父爱与母爱。
- 结合实际情境，提醒幼儿注意别人的情绪，了解他们的需要，给予适当的关心和帮助。
- 利用生活机会和角色游戏，帮助幼儿了解与自己关系密切的社会服务机构及其工作，如商场、邮局、医院等，体会这些机构给大家提供的便利和服务，懂得尊重工作人员的劳动，珍惜劳动成果。

3. 引导幼儿学习用平等、接纳和尊重的态度对待差异。如：

- 了解每个人都有自己的兴趣、爱好和特长，可以相互学习。
- 利用民间游戏、传统节日等，适当向幼儿介绍我国主要民族以及世界其他国家和民族的文化，帮助幼儿感知文化的多样性和差异性，理解人们之间是平等的，应该互相尊重，友好相处。

（二）社会适应性

目标1　喜欢并适应群体生活

3～4岁	4～5岁	5～6岁
1. 对群体活动有兴趣。 2. 对幼儿园的生活好奇，喜欢上幼儿园。	1. 愿意并主动参加群体活动。 2. 愿意与家长一起参加社区的一些群体活动。	1. 在群体活动中积极、快乐。 2. 对小学生活有好奇和向往。

教育建议：

1. 经常和幼儿一起参加一些群体性的活动，让幼儿体会群体活动的乐趣。如：参加亲戚、朋友和同事间的聚会以及适合幼儿参加的社区活动等，支持幼儿和不同群体的同伴一起游戏，丰富其群体活动的经验。
2. 幼儿园组织活动时，可以经常打破班级的界限，让幼儿有更多机会参加不同群体的活动。
3. 带领大班幼儿参观小学，讲讲小学有趣的活动，唤起他们对小学生活的好奇和向往，为入学做好心理准备。

目标2　遵守基本的行为规范

3~4岁	4~5岁	5~6岁
1. 在提醒下，能遵守游戏和公共场所的规则。 2. 知道不经允许不能拿别人的东西，借别人的东西要归还。 3. 在成人提醒下，爱护玩具和其他物品。	1. 感受规则的意义，并能基本遵守规则。 2. 不私自拿不属于自己的东西。 3. 知道说谎是不对的。 4. 知道接受了的任务要努力完成。 5. 在提醒下，能节约粮食、水电等。	1. 理解规则的意义，能与同伴协商制定游戏和活动规则。 2. 爱惜物品，用别人的东西时也知道爱护。 3. 做了错事敢于承认，不说谎。 4. 能认真负责地完成自己所接受的任务。 5. 爱护身边的环境，注意节约资源。

教育建议：

1. 成人要遵守社会行为规则，为幼儿树立良好的榜样。如：答应幼儿的事一定要做到、尊老爱幼、爱护公共环境、节约水电等。
2. 结合社会生活实际，帮助幼儿了解基本行为规则或其他游戏规则，体会规则的重要性，学习自觉遵守规则。如：
    - 经常和幼儿玩带有规则的游戏，遵守共同约定的游戏规则。
    - 利用实际生活情境和图书故事，向幼儿介绍一些必要的社会行为规则，以及为什么要遵守这些规则。
    - 在幼儿园的区域活动中，创设情境，让幼儿体会没有规则的不方便，鼓励他们讨论制定规则并自觉遵守。

- 对幼儿表现出的遵守规则的行为要及时肯定，对违规行为给予纠正。如：幼儿主动为老人让座时要表扬；幼儿损害别人的物品或公共物品时要及时制止并主动赔偿。

3. 教育幼儿要诚实守信。如：

- 对幼儿诚实守信的行为要及时肯定。
- 允许幼儿犯错误，告诉他改了就好。不要打骂幼儿，以免他因害怕惩罚而说谎。
- 年龄小的幼儿经常分不清想象和现实，成人不要误认为他是在说谎。
- 发现幼儿说谎时，要反思是否是因自己对幼儿的要求过高过严造成的。如果是，要及时调整自己的行为，同时要严肃地告诉幼儿说谎是不对的。
- 经常给幼儿分配一些力所能及的任务，要求他完成并及时给予表扬，培养他的责任感和认真负责的态度。

目标3　具有初步的归属感

3～4岁	4～5岁	5～6岁
1. 知道和自己一起生活的家庭成员及与自己的关系，体会到自己是家庭的一员。 2. 能感受到家庭生活的温暖，爱父母，亲近与信赖长辈。 3. 能说出自己家所在街道、小区（乡镇、村）的名称。 4. 认识国旗，知道国歌。	1. 喜欢自己所在的幼儿园和班级，积极参加集体活动。 2. 能说出自己家所在地的省、市、县（区）名称，知道当地有代表性的物产或景观。 3. 知道自己是中国人。 4. 奏国歌、升国旗时能自动站好。	1. 愿意为集体做事，为集体的成绩感到高兴。 2. 能感受到家乡的发展变化并为此感到高兴。 3. 知道自己的民族，知道中国是一个多民族的大家庭，各民族之间要互相尊重，团结友爱。 4. 知道国家一些重大成就，爱祖国，为自己是中国人感到自豪。

教育建议：

1. 亲切地对待幼儿，关心幼儿，让他感到长辈是可亲、可近、可信赖的，家庭和幼儿园是温暖的。如：

- 多和孩子一起游戏、谈笑，尽量在家庭和班级中营造温馨的氛围。
- 通过和幼儿一起翻阅照片、讲幼儿成长的故事等，让幼儿感受到家庭和幼儿园的温暖，老师的和蔼可亲，对养育自己的人产生感激之情。

2. 吸引和鼓励幼儿参加集体活动，萌发集体意识。如：

- 幼儿园和班级里的重大事情和计划，请幼儿集体讨论决定。
- 幼儿园应经常组织多种形式的集体活动，萌发幼儿的集体荣誉感。

3. 运用幼儿喜闻乐见和能够理解的方式激发幼儿爱家乡、爱祖国的情感。如：

- 和幼儿说一说或在地图上找一找自己家所在的省、市、县（区）名称。
- 和幼儿一起外出游玩，一起看有关的电视节目或画报等；和他们一起收集有关家乡、祖国各地的风景名胜、著名的建筑、独特物产的图片等，在观看和欣赏的过程中激发幼儿的自豪感和热爱之情。
- 利用电视节目或参加升旗等活动，向幼儿介绍国旗、国歌以及观看升旗、奏国歌的礼仪。
- 向幼儿介绍反映中国人聪明才智的发明和创造，激发幼儿的民族自豪感。

教育体系是以感官为基础，以思考为过程，以自由为目的。

——玛利亚·蒙台梭利

领域	项目	目标	幼儿年	
			3～4岁	4～5岁
一、健康	(一)身心状况	1. 具有健康的体态	(1)身高和体重适宜。参考标准： 男孩： 身高：94.9～111.7厘米 体重：12.7～21.2公斤 女孩： 身高：94.1～111.3厘米 体重：12.3～21.5公斤 (2)在提醒下能自然坐直、站直。	(1)身高和体重适宜。参考标准： 男孩： 身高：100.7～119.2厘米 体重：14.1～24.2公斤 女孩： 身高：99.9～118.9厘米 体重：13.7～24.9公斤 (2)在提醒下能保持正确的站、坐和行走姿势。
		2. 情绪安定愉快	(1)情绪比较稳定，很少因一点小事哭闹不止。 (2)有比较强烈的情绪反应时，能在成人的安抚下逐渐平静下来。	(1)经常保持愉快的情绪，不高兴时能较快缓解 。 (2)有比较强烈情绪反应时，能在成人提醒下逐渐平静下来。 (3)愿意把自己的情绪告诉亲近的人，一起分享快乐或求得安慰。
		3. 具有一定的适应能力	(1)能在较热或较冷的户外环境中活动。 (2)换新环境时情绪能较快稳定，睡眠、饮食基本正常。 (3)在帮助下能较快适应集体生活。	(1)能在较热或较冷的户外环境中连续活动半小时左右。 (2)换新环境时较少出现身体不适。 (3)能较快适应人际环境中发生的变化。如换了新老师能较快适应。
	(二)动作发展	1. 具有一定的平衡能力，动作协调、灵敏	(1)能沿地面直线或在较窄的低矮物体上走一段距离。 (2)能双脚灵活交替上下楼梯。 (3)能身体平稳地双脚连续向前跳。 (4)分散跑时能躲避他人的碰撞。 (5)能双手向上抛球。	(1)能在较窄的低矮物体上平稳地走一段距离。 (2)能以匍匐、膝盖悬空等多种方式钻爬。 (3)能助跑跨跳过一定距离，或助跑跨跳过一定高度的物体。 (4)能与他人玩追逐、躲闪跑的游戏。 (5)能连续自抛自接球。
		2. 具有一定的力量和耐力	(1)能双手抓杠悬空吊起10秒左右。 (2)能单手将沙包向前投掷2米左右。 (3)能单脚连续向前跳2米左右。 (4)能快跑15米左右。 (5)能行走1公里左右（途中可适当停歇）。	(1)能双手抓杠悬空吊起15秒左右。 (2)能单手将沙包向前投掷4米左右。 (3)能单脚连续向前跳5米左右。 (4)能快跑20米左右。 (5)能连续行走1.5公里左右（途中可适当停歇）。

与发展指南①

龄　段	教育建议
5~6岁	
（1）身高和体重适宜。参考标准： 男孩： 身高：106.1~125.8厘米 体重：15.9~27.1公斤 女孩： 身高：104.9~125.4厘米 体重：15.3~27.8公斤 （2）经常保持正确的站、坐和行走姿势。	（1）为幼儿提供营养丰富、健康的饮食。如： ★ 参照《中国孕期、哺乳期妇女和0~6岁儿童膳食指南》，为幼儿提供谷物、蔬菜、水果、肉、奶、蛋、豆制品等多样化的食物，均衡搭配。 ★ 烹调方式要科学，尽量少煎炸、烧烤、腌制。 （2）保证幼儿每天睡11~12小时，其中午睡一般应达到2小时左右。午睡时间可根据幼儿的年龄、季节的变化和个体差异适当减少。 （3）注意幼儿的体态，帮助他们形成正确的姿势。如： ★ 提醒幼儿要保持正确的站、坐、走姿势；发现有八字脚、罗圈腿、驼背等骨骼发育异常的情况，应及时就医矫治。 ★ 桌、椅和床要合适。椅子的高度以幼儿写画时双脚能自然着地、大腿基本保持水平状为宜；桌子的高度以写画时身体能坐直，不驼背、不耸肩为宜；床不宜过软。 （4）每年为幼儿进行健康检查。
（1）经常保持愉快的情绪。知道引起自己某种情绪的原因，并努力缓解。 （2）表达情绪的方式比较适度，不乱发脾气。 （3）能随着活动的需要转换情绪和注意。	（1）营造温暖、轻松的心理环境，让幼儿形成安全感和信赖感。如： ★ 保持良好的情绪状态，以积极、愉快的情绪影响幼儿。 ★ 以欣赏的态度对待幼儿。注意发现幼儿的优点，接纳他们的个体差异，不简单与同伴做横向比较。 ★ 幼儿做错事时要冷静处理，不厉声斥责，更不能打骂。 （2）帮助幼儿学会恰当表达和调控情绪。如： ★ 成人用恰当的方式表达情绪，为幼儿做出榜样。如生气时不乱发脾气，不迁怒于人。 ★ 成人和幼儿一起谈论自己高兴或生气的事，鼓励幼儿与人分享自己的情绪。 ★ 允许幼儿表达自己的情绪，并给予适当的引导。如幼儿发脾气时不硬性压制，等其平静后告诉他什么行为是可以接受的。 ★ 发现幼儿不高兴时，主动询问情况，帮助他们化解消极情绪。
（1）能在较热或较冷的户外环境中连续活动半小时以上。 （2）天气变化时较少感冒，能适应车、船等交通工具造成的轻微颠簸。 （3）能较快融入新的人际关系环境。如换了新的幼儿园或班级能较快适应。	（1）保证幼儿的户外活动时间，提高幼儿适应季节变化的能力。 ★ 幼儿每天的户外活动时间一般不少于两小时，其中体育活动时间不少于1小时，季节交替时要坚持。 ★ 气温过热或过冷的季节或地区应因地制宜，选择温度适当的时间段开展户外活动，也可根据气温的变化和幼儿的个体差异，适当减少活动的时间。 （2）经常与幼儿玩拉手转圈、秋千、转椅等游戏活动，让幼儿适应轻微的摆动、颠簸、旋转，促进其平衡机能的发展。 （3）锻炼幼儿适应生活环境变化的能力。如： ★ 注意观察幼儿在新环境中的饮食、睡眠、游戏等方面的情况，采取相应的措施帮助他们尽快适应新环境。 ★ 经常带幼儿接触不同的人际环境，如参加亲戚朋友聚会，多和不熟悉的小朋友玩，使幼儿较快适应新的人际关系。
（1）能在斜坡、荡桥和有一定间隔的物体上较平稳地行走。 （2）能以手脚并用的方式安全地爬攀登架、网等。 （3）能连续跳绳。 （4）能躲避他人滚过来的球或扔过来的沙包。 （5）能连续拍球。	（1）利用多种活动发展身体平衡和协调能力。如： ★ 走平衡木，或沿着地面直线、田埂行走。 ★ 玩跳房子、踢毽子、蒙眼走路、踩小高跷等游戏活动。 （2）发展幼儿动作的协调性和灵活性。如： ★ 鼓励幼儿进行跑跳、钻爬、攀登、投掷、拍球等活动。 ★ 玩跳竹竿、滚铁环等传统体育游戏。 （3）对于拍球、跳绳等技能性活动，不要过于要求数量，更不能机械训练。 （4）结合活动内容对幼儿进行安全教育，注重在活动中培养幼儿的自我保护能力。
（1）能双手抓杠悬空吊起20秒左右。 （2）能单手将沙包向前投掷5米左右。 （3）能单脚连续向前跳8米左右。 （4）能快跑25米左右。 （5）能连续行走1.5公里以上（途中可适当停歇）。	（1）开展丰富多样、适合幼儿年龄特点的各种身体活动，如走、跑、跳、攀、爬等，鼓励幼儿坚持下来，不怕累。 （2）日常生活中鼓励幼儿多走路、少坐车；自己上下楼梯、自己背包。

① 摘自教育部《3~6岁儿童学习与发展指南》。

领域	项目	目标	幼儿年	
			3~4岁	4~5岁
一、健康	（二）动作发展	3. 手的动作灵活协调	（1）能用笔涂涂画画。 （2）能熟练地用勺子吃饭。 （3）能用剪刀沿直线剪，边线基本吻合。	（1）能沿边线较直地画出简单图形，或能边线基本对齐地折纸。 （2）会用筷子吃饭。 （3）能沿轮廓线剪出由直线构成的简单图形，边线吻合。
	（三）生活习惯与生活能力	1. 具有良好的生活与卫生习惯	（1）在提醒下，按时睡觉和起床，并能坚持午睡。 （2）喜欢参加体育活动。 （3）在引导下，不偏食、挑食。喜欢吃瓜果、蔬菜等新鲜食品。 （4）愿意饮用白开水，不贪喝饮料。 （5）不用脏手揉眼睛，连续看电视等不超过15分钟。 （6）在提醒下，每天早晚刷牙、饭前便后洗手。	（1）每天按时睡觉和起床，并能坚持午睡。 （2）喜欢参加体育活动。 （3）不偏食、挑食，不暴饮暴食。喜欢吃瓜果、蔬菜等新鲜食品。 （4）常喝白开水，不贪喝饮料。 （5）知道保护眼睛，不在光线过强或过暗的地方看书，连续看电视等不超过20分钟。 （6）每天早晚刷牙、饭前便后洗手，方法基本正确。
		2. 具有基本的生活自理能力	（1）在帮助下能穿脱衣服或鞋袜。 （2）能将玩具和图书放回原处。	（1）能自己穿脱衣服、鞋袜、扣纽扣。 （2）能整理自己的物品。
		3. 具备基本的安全知识和自我保护能力	（1）不吃陌生人给的东西，不跟陌生人走。 （2）在提醒下能注意安全，不做危险的事。 （3）在公共场所走失时，能向警察或有关人员说出自己和家长的名字、电话号码等简单信息。	（1）知道在公共场合不远离成人的视线单独活动。 （2）认识常见的安全标志，能遵守安全规则。 （3）运动时能主动躲避危险。 （4）知道简单的求助方式。

龄　　段	教育建议
5~6岁	
（1）能根据需要画出图形，线条基本平滑。 （2）能熟练使用筷子。 （3）能沿轮廓线剪出由曲线构成的简单图形，边线吻合且平滑。 （4）能使用简单的劳动工具或用具。	（1）创造条件和机会，促进幼儿手的动作灵活协调。如： ★ 提供画笔、剪刀、纸张、泥团等工具和材料，或充分利用各种自然、废旧材料和常见物品，让幼儿进行画、剪、折、粘等美工活动。 ★ 引导幼儿生活自理或参与家务劳动，发展其手的动作。如练习自己用筷子吃饭、扣扣子，帮助家人择菜叶、做面食等。 ★ 幼儿园在布置娃娃家、商店等活动区时，多提供原材料和半成品，让幼儿有更多机会参与制作活动。 （2）引导幼儿注意活动安全。如： ★ 为幼儿提供的塑料粒、珠子等活动材料要足够大，材质要安全，以免造成异物进入气管、铅中毒等伤害。提供幼儿用安全剪刀。 ★ 为幼儿示范拿筷子、握笔的正确姿势以及使用剪刀、锤子等工具的方法。 ★ 提醒幼儿不要拿剪刀等锋利工具玩耍，用完后要放回原处。
（1）养成每天按时睡觉和起床的习惯。 （2）能主动参加体育活动。 （3）吃东西时细嚼慢咽。 （4）主动饮用白开水，不贪喝饮料。 （5）主动保护眼睛。不在光线过强或过暗的地方看书，连续看电视等不超过30分钟。 （6）每天早晚主动刷牙，饭前便后主动洗手，方法正确。	（1）让幼儿保持有规律的生活，养成良好的作息习惯。如：早睡早起、每天午睡、按时进餐、吃好早餐等。 （2）帮助幼儿养成良好的饮食习惯。如： ★ 合理安排餐点，帮助幼儿养成定点、定时、定量进餐的习惯。 ★ 帮助幼儿了解食物的营养价值，引导他们不偏食不挑食、少吃或不吃不利于健康的食品；多喝白开水，少喝饮料。 ★ 吃饭时不过分催促，提醒幼儿细嚼慢咽，不要边吃边玩。 （3）帮助幼儿养成良好的个人卫生习惯。如： ★ 早晚刷牙、饭后漱口。 ★ 勤为幼儿洗澡、换衣服、剪指甲。 ★ 提醒幼儿保护五官，如不乱挖耳朵、鼻孔，看电视时保持3米左右的距离等。 （4）激发幼儿参加体育活动的兴趣，养成锻炼的习惯。如： ★ 为幼儿准备多种体育活动材料，鼓励他选择自己喜欢的材料开展活动。 ★ 经常和幼儿一起在户外运动和游戏，鼓励幼儿和同伴一起开展体育活动。 ★ 和幼儿一起观看体育比赛或有关体育赛事的电视节目，培养他对体育活动的兴趣。
（1）能知道根据冷热增减衣服。 （2）会自己系鞋带。 （3）能按类别整理好自己的物品。	（1）鼓励幼儿做力所能及的事情，对幼儿的尝试与努力给予肯定，不因做不好或做得慢而包办代替。 （2）指导幼儿学习和掌握生活自理的基本方法，如穿脱衣服和鞋袜、洗手洗脸、擦鼻涕、擦屁股的正确方法。 （3）提供有利于幼儿生活自理的条件。如： ★ 提供一些纸箱、盒子，供幼儿收拾和存放自己的玩具、图书或生活用品等。 ★ 幼儿的衣服、鞋子等要简单实用，便于自己穿脱。
（1）未经大人允许不给陌生人开门。 （2）能自觉遵守基本的安全规则和交通规则。 （3）运动时能注意安全，不给他人造成危险。 （4）知道一些基本的防灾知识。	（1）创设安全的生活环境，提供必要的保护措施。如： ★ 要把热水瓶、药品、火柴、刀具等物品放到幼儿够不到的地方；阳台或窗台要有安全保护措施；要使用安全的电源插座等。 ★ 在公共场所要注意照看好幼儿；幼儿乘车、乘电梯时要有成人陪伴；不把幼儿单独留在家里或汽车里等。 （2）结合生活实际对幼儿进行安全教育。如： ★ 外出时，提醒幼儿要紧跟成人，不远离成人的视线，不跟陌生人走，不吃陌生人给的东西；不在河边和马路边玩耍；要遵守交通规则等。 ★ 帮助幼儿了解周围环境中不安全的事物，不做危险的事。如不动热水壶，不玩火柴或打火机，不摸电源插座，不攀爬窗户或阳台等。 ★ 帮助幼儿认识常见的安全标志，如：小心触电、小心有毒、禁止下河游泳、紧急出口等。 ★ 告诉幼儿不允许别人触摸自己的隐私部位。 （3）教给幼儿简单的自救和求救的方法。如： ★ 记住自己家庭的住址、电话号码、父母的姓名和单位，一旦走失时知道向成人求助，并能提供必要信息。 ★ 遇到火灾或其他紧急情况时，知道要拨打110、120、119等求救电话。 ★ 可利用图书、音像等材料对幼儿进行逃生和求救方面的教育，并运用游戏方式模拟练习。 ★ 幼儿园应定期进行火灾、地震等自然灾害的逃生演习。

领域	项目	目标	幼儿年	
			3~4岁	4~5岁
二、语言	（一）倾听与表达	1. 认真听并能听懂常用语言	（1）别人对自己说话时能注意听并做出回应。 （2）能听懂日常会话。	（1）在群体中能有意识地听与自己有关的信息。 （2）能结合情境感受到不同语气、语调所表达的不同意思。 （3）方言地区和少数民族幼儿能基本听懂普通话。
		2. 愿意讲话并能清楚地表达	（1）愿意在熟悉的人面前说话，能大方地与人打招呼。 （2）基本会说本民族或本地区的语言。 （3）愿意表达自己的需要和想法，必要时能配以手势动作。 （4）能口齿清楚地说儿歌、童谣或复述简短的故事。	（1）愿意与他人交谈，喜欢谈论自己感兴趣的话题。 （2）会说本民族或本地区的语言，基本会说普通话。少数民族聚居地区幼儿会用普通话进行日常会话。 （3）能基本完整地讲述自己的所见所闻和经历的事情。 （4）讲述比较连贯。
		3. 具有文明的语言习惯	（1）与别人讲话时知道眼睛要看着对方。 （2）说话自然，声音大小适中。 （3）能在成人的提醒下使用恰当的礼貌用语。	（1）别人对自己讲话时能回应。 （2）能根据场合调节自己说话声音的大小。 （3）能主动使用礼貌用语，不说脏话、粗话。
	（二）阅读与书写准备	1. 喜欢听故事，看图书	（1）主动要求成人讲故事、读图书。 （2）喜欢跟读韵律感强的儿歌、童谣。 （3）爱护图书，不乱撕、乱扔。	（1）反复看自己喜欢的图书。 （2）喜欢把听过的故事或看过的图书讲给别人听。 （3）对生活中常见的标志、符号感兴趣，知道它们表示一定的意义。

<table>
<tr><th>龄　　段</th><th>教育建议</th></tr>
<tr><th>5～6岁</th><th></th></tr>
<tr><td>（1）在集体中能注意听老师或其他人讲话。
（2）听不懂或有疑问时能主动提问。
（3）能结合情境理解一些表示因果、假设等相对复杂的句子。</td><td>（1）多给幼儿提供倾听和交谈的机会。如：经常和幼儿一起谈论他感兴趣的话题，或一起看图书、讲故事。
（2）引导幼儿学会认真倾听。如：
★ 成人要耐心倾听别人（包括幼儿）的讲话，等别人讲完再表达自己的观点。
★ 与幼儿交谈时，要用幼儿能听得懂的语言。
★ 对幼儿提要求和布置任务时要求他注意听，鼓励他主动提问。
（3）对幼儿讲话时，注意结合情境使用丰富的语言，以便于幼儿理解。如：
★ 说话时注意语气、语调，让幼儿感受语气、语调的作用。如对幼儿的不合理要求以比较坚定的语气表示不同意；讲故事时，尽量把故事人物高兴、悲伤的心情用不同的语气、语调表现出来。
★ 根据幼儿的理解水平有意识地使用一些反映因果、假设、条件等关系的句子。</td></tr>
<tr><td>（1）愿意与他人讨论问题，敢在众人面前说话。
（2）会说本民族或本地区的语言和普通话，发音正确清晰。少数民族聚居地区幼儿基本会说普通话。
（3）能有序、连贯、清楚地讲述一件事情。
（4）讲述时能使用常见的形容词、同义词等，语言比较生动。</td><td>（1）为幼儿创造说话的机会并体验语言交往的乐趣。
★ 每天有足够的时间与幼儿交谈。如谈论他感兴趣的话题，询问和听取他对自己事情的意见等。
★ 尊重和接纳幼儿的说话方式，无论幼儿的表达水平如何，都应认真地倾听并给予积极的回应。
★ 鼓励和支持幼儿与同伴一起玩耍、交谈，相互讲述见闻、趣事或看过的图书、动画片等。
★ 方言和少数民族地区应积极为幼儿创设用普通话交流的语言环境。
（2）引导幼儿清楚地表达。如：
★ 和幼儿讲话时，成人自身的语言要清楚、简洁。
★ 当幼儿因为急于表达而说不清楚的时候，提醒他不要着急，慢慢说；同时要耐心倾听，给予必要的补充，帮助他理清思路并清晰地说出来。</td></tr>
<tr><td>（1）别人讲话时能积极主动地回应。
（2）能根据谈话对象和需要，调整说话的语气。
（3）懂得按次序轮流讲话，不随意打断别人。
（4）能依据所处情境使用恰当的语言。如在别人难过时会用恰当的语言表示安慰。</td><td>（1）成人注意语言文明，为幼儿做出表率。如：
★ 与他人交谈时，认真倾听，使用礼貌用语。
★ 在公共场合不大声说话，不说脏话、粗话。
★ 幼儿表达意见时，成人可蹲下来，眼睛平视幼儿，耐心听他把话说完。
（2）帮助幼儿养成良好的语言行为习惯。如：
★ 结合情境提醒幼儿一些必要的交流礼节。如对长辈说话要有礼貌，客人来访时要打招呼，得到帮助时要说谢谢等。
★ 提醒幼儿遵守集体生活的语言规则，如轮流发言，不随意打断别人讲话等。
★ 提醒幼儿注意公共场所的语言文明，如不大声喧哗。</td></tr>
<tr><td>（1）专注地阅读图书。
（2）喜欢与他人一起谈论图书和故事的有关内容。
（3）对图书和生活情境中的文字符号感兴趣，知道文字表示一定的意义。</td><td>（1）为幼儿提供良好的阅读环境和条件。如：
★ 提供一定数量、符合幼儿年龄特点、富有童趣的图画书。
★ 提供相对安静的地方，尽量减少干扰，保证幼儿自主阅读。
（2）激发幼儿的阅读兴趣，培养阅读习惯。如：
★ 经常抽时间与幼儿一起看图书、讲故事。
★ 提供童谣、故事和诗歌等不同体裁的儿童文学作品，让幼儿自主选择和阅读。
★ 当幼儿遇到感兴趣的事物或问题时，和他一起查阅图书资料，让他感受图书的作用，体会通过阅读获取信息的乐趣。
（3）引导幼儿体会标志、文字符号的用途。如：
★ 向幼儿介绍医院、公用电话等生活中的常见标志，让他知道标志可以代表具体事物。
★ 结合生活实际，帮助幼儿体会文字的用途。如买来新玩具时，把说明书上的文字念给幼儿听，了解玩具的玩法。</td></tr>
</table>

领域	项目	目标	幼儿年	
			3~4岁	4~5岁
二、语言	（二）阅读与书写准备	2. 具有初步的阅读理解能力	（1）能听懂短小的儿歌或故事。 （2）会看画面，能根据画面说出图中有什么，发生了什么事等。 （3）能理解图书上的文字是和画面对应的，是用来表达画面意义的。	（1）能大体讲出所听故事的主要内容。 （2）能根据连续画面提供的信息，大致说出故事的情节。 （3）能随着作品的展开产生喜悦、担忧等相应的情绪反应，体会作品所表达的情绪情感。
		3. 具有书面表达的愿望和初步技能	（1）喜欢用涂涂画画表达一定的意思。	（1）愿意用图画和符号表达自己的愿望和想法。 （2）在成人提醒下，写写画画时姿势正确。
三、社会	（一）人际交往	1. 愿意与人交往	（1）愿意和小朋友一起游戏。 （2）愿意与熟悉的长辈一起活动。	（1）喜欢和小朋友一起游戏，有经常一起玩的小伙伴。 （2）喜欢和长辈交谈，有事愿意告诉长辈。
		2. 能与同伴友好相处	（1）想加入同伴的游戏时，能友好地提出请求。 （2）在成人指导下，不争抢、不独霸玩具。 （3）与同伴发生冲突时，能听从成人的劝解。	（1）会运用介绍自己、交换玩具等简单技巧加入同伴游戏。 （2）对大家都喜欢的东西能轮流、分享。 （3）与同伴发生冲突时，能在他人帮助下和平解决。 （4）活动时愿意接受同伴的意见和建议。 （5）不欺负弱小。

龄　　段	教育建议
5~6岁	
（1）能说出所阅读的幼儿文学作品的主要内容。 （2）能根据故事的部分情节或图书画面的线索猜想故事情节的发展，或续编、创编故事。 （3）对看过的图书、听过的故事能说出自己的看法。 （4）能初步感受文学语言的美。	（1）经常和幼儿一起阅读，引导他以自己的经验为基础理解图书的内容。如： ★ 引导幼儿仔细观察画面，结合画面讨论故事内容，学习建立画面与故事内容的联系。 ★ 和幼儿一起讨论或回忆书中的故事情节，引导他有条理地说出故事的大致内容。 ★ 在给幼儿读书或讲故事时，可先不告诉名字，让幼儿听完后自己命名，并说出这样命名的理由。 ★ 鼓励幼儿自主阅读，并与他人讨论自己在阅读中的发现、体会和想法。 （2）在阅读中发展幼儿的想象和创造能力。如： ★ 鼓励幼儿依据画面线索讲述故事，大胆推测、想象故事情节的发展，改编故事部分情节或续编故事结尾。 ★ 鼓励幼儿用故事表演、绘画等不同的方式表达自己对图书和故事的理解。 ★ 鼓励和支持幼儿自编故事，并为自编的故事配上图画，制成图画书。 （3）引导幼儿感受文学作品的美。如： ★ 有意识地引导幼儿欣赏或模仿文学作品的语言节奏和韵律。 ★ 给幼儿读书时，通过表情、动作和抑扬顿挫的声音传达书中的情绪情感，让幼儿体会作品的感染力和表现力。
（1）愿意用图画和符号表现事物或故事。 （2）会正确书写自己的名字。 （3）写画时姿势正确。	（1）让幼儿在写写画画的过程中体验文字符号的功能，培养书写兴趣。如： ★ 准备供幼儿随时取放的纸、笔等材料，也可利用沙地、树枝等自然材料，满足幼儿自由涂画的需要。 ★ 鼓励幼儿将自己感兴趣的事情或故事画下来并讲给别人听，让幼儿体会写写画画的方式可以表达自己的想法和情感。 ★ 把幼儿讲过的事情用文字记录下来，并念给他听，使幼儿知道说的话可以用文字记录下来，从中体会文字的用途。 （2）在绘画和游戏中做必要的书写准备，如： ★ 通过把虚线画出的图形轮廓连成实线等游戏，促进手眼协调，同时帮助幼儿学习由上至下、由左至右的运笔技能。 ★ 鼓励幼儿学习书写自己的名字。 ★ 提醒幼儿写画时保持正确姿势。
（1）有自己的好朋友，也喜欢结交新朋友。 （2）有问题愿意向别人请教。 （3）有高兴的或有趣的事愿意与大家分享。	（1）主动亲近和关心幼儿，经常和他一起游戏或活动，让幼儿感受到与成人交往的快乐，建立亲密的亲子关系和师生关系。 （2）创造交往的机会，让幼儿体会交往的乐趣。如： ★ 利用走亲戚、到朋友家做客或有客人来访的时机，鼓励幼儿与他人接触和交谈。 ★ 鼓励幼儿参加小朋友的游戏，邀请小朋友到家里玩，感受有朋友一起玩的快乐。 ★ 幼儿园应多为幼儿提供自由交往和游戏的机会，鼓励他们自主选择、自由结伴开展活动。
（1）能想办法吸引同伴和自己一起游戏。 （2）活动时能与同伴分工合作，遇到困难能一起克服。 （3）与同伴发生冲突时能自己协商解决。 （4）知道别人的想法有时和自己不一样，能倾听和接受别人的意见，不能接受时会说明理由。 （5）不欺负别人，也不允许别人欺负自己。	（1）结合具体情境，指导幼儿学习交往的基本规则和技能。如： ★ 当幼儿不知怎样加入同伴游戏，或提出请求不被接受时，建议他拿出玩具邀请大家一起玩；或者扮成某个角色加入同伴的游戏。 ★ 对幼儿与别人分享玩具、图书等行为给予肯定，让他对自己的表现感到高兴和满足。 ★ 当幼儿与同伴发生矛盾或冲突时，指导他尝试用协商、交换、轮流玩、合作等方式解决冲突。 ★ 利用相关的图书、故事，结合幼儿的交往经验，和他讨论什么样的行为受大家欢迎，想要得到别人的接纳应该怎样做。 ★ 幼儿园应多为幼儿提供需要大家齐心协力才能完成的活动，让幼儿在具体活动中体会合作的重要性，学习分工合作。 （2）结合具体情境，引导幼儿换位思考，学习理解别人。如： ★ 幼儿有争抢玩具等不友好行为时，引导他们想想“假如你是那个小朋友，你有什么感受？”让幼儿学习理解别人的想法和感受。 （3）和幼儿一起谈谈他的好朋友，说说喜欢这个朋友的原因，引导他多发现同伴的优点、长处。

领域	项目	目标	幼儿年	
			3~4岁	4~5岁
三、社会	（一）人际交往	3. 具有自尊、自信、自主的表现	（1）能根据自己的兴趣选择游戏或其他活动。 （2）为自己的好行为或活动成果感到高兴。 （3）自己能做的事情愿意自己做。 （4）喜欢承担一些小任务。	（1）能按自己的想法进行游戏或其他活动。 （2）知道自己的一些优点和长处，并对此感到满意。 （3）自己的事情尽量自己做，不愿意依赖别人。 （4）敢于尝试有一定难度的活动和任务。
		4. 关心尊重他人	（1）长辈讲话时能认真听，并能听从长辈的要求。 （2）身边的人生病或不开心时表示同情。 （3）在提醒下能做到不打扰别人。	（1）会用礼貌的方式向长辈表达自己的要求和想法。 （2）能注意到别人的情绪，并有关心、体贴的表现。 （3）知道父母的职业，能体会到父母为养育自己所付出的辛劳。
	（二）社会适应	1. 喜欢并适应群体生活	（1）对群体活动有兴趣。 （2）对幼儿园的生活好奇，喜欢上幼儿园。	（1）愿意并主动参加群体活动。 （2）愿意与家长一起参加社区的一些群体活动。
		2. 遵守基本的行为规范	（1）在提醒下，能遵守游戏和公共场所的规则。 （2）知道不经允许不能拿别人的东西，借别人的东西要归还。 （3）在成人提醒下，爱护玩具和其他物品。	（1）感受规则的意义，并能基本遵守规则。 （2）不私自拿不属于自己的东西。 （3）知道说谎是不对的。 （4）知道接受了的任务要努力完成。 （5）在提醒下，能节约粮食、水电等。

龄　　段	教育建议
5~6岁	
（1）能主动发起活动或在活动中出主意、想办法。 （2）做了好事或取得了成功后还想做得更好。 （3）自己的事情自己做，不会的愿意学。 （4）主动承担任务，遇到困难能够坚持而不轻易求助。 （5）与别人的看法不同时，敢于坚持自己的意见并说出理由。	（1）关注幼儿的感受，保护其自尊心和自信心。如： ★ 能以平等的态度对待幼儿，使幼儿切实感受到自己被尊重。 ★ 对幼儿好的行为表现多给予具体、有针对性的肯定和表扬，让他对自己的优点和长处有所认识并感到满足和自豪。 ★ 不要拿幼儿的不足与其他幼儿的优点作比较。 （2）鼓励幼儿自主决定，独立做事，增强其自尊心和自信心。如： ★ 与幼儿有关的事情要征求他的意见，即使他的意见与成人不同，也要认真倾听，接受他的合理要求。 ★ 在保证安全的情况下，支持幼儿按自己的想法做事；或提供必要的条件，帮助他实现自己的想法。 ★ 幼儿自己的事情尽量放手让他自己做，即使做得不够好，也应鼓励并给予一定的指导，让他在做事中树立自尊和自信。 ★ 鼓励幼儿尝试有一定难度的任务，并注意调整难度，让他感受经过努力获得的成就感。
（1）能有礼貌地与人交往。 （2）能关注别人的情绪和需要，并能给予力所能及的帮助。 （3）尊重为大家提供服务的人，珍惜他们的劳动成果。 （4）接纳、尊重与自己的生活方式或习惯不同的人。	（1）成人以身作则，以尊重、关心的态度对待自己的父母、长辈和其他人。如： ★ 经常问候父母，主动做家务。 ★ 礼貌地对待老年人，如坐车时主动为老人让座。 ★ 看到别人有困难能主动关心并给予一定的帮助。 （2）引导幼儿尊重、关心长辈和身边的人，尊重他人劳动及成果。如： ★ 提醒幼儿关心身边的人，如妈妈累了，知道让她安静休息一会儿。 ★ 借助故事、图书等给幼儿讲讲父母抚育孩子成长的经历，让幼儿理解和体会父爱与母爱。 ★ 结合实际情境，提醒幼儿注意别人的情绪，了解他们的需要，给予适当的关心和帮助。 ★ 利用生活机会和角色游戏，帮助幼儿了解与自己关系密切的社会服务机构及其工作，如商场、邮局、医院等，体会这些机构给大家提供的便利和服务，懂得尊重工作人员的劳动，珍惜劳动成果。 （3）引导幼儿学习用平等、接纳和尊重的态度对待差异。如： ★ 了解每个人都有自己的兴趣、爱好和特长，可以相互学习。 ★ 利用民间游戏、传统节日等，适当向幼儿介绍我国主要民族和世界其他国家和民族的文化，帮助幼儿感知文化的多样性和差异性，理解人们之间是平等的，应该互相尊重，友好相处。
（1）在群体活动中积极、快乐。 （2）对小学生活有好奇和向往。	（1）经常和幼儿一起参加一些群体性的活动，让幼儿体会群体活动的乐趣。如：参加亲戚、朋友和同事间的聚会以及适合幼儿参加的社区活动等，支持幼儿和不同群体的同伴一起游戏，丰富其群体活动的经验。 （2）幼儿园组织活动时，可以经常打破班级的界限，让幼儿有更多机会参加不同群体的活动。 （3）带领大班幼儿参观小学，讲讲小学有趣的活动，唤起他们对小学生活的好奇和向往，为入学做好心理准备。
（1）理解规则的意义，能与同伴协商制定游戏和活动规则。 （2）爱惜物品，用别人的东西时也知道爱护。 （3）做了错事敢于承认，不说谎。 （4）能认真负责地完成自己所接受的任务。 （5）爱护身边的环境，注意节约资源。	（1）成人要遵守社会行为规则，为幼儿树立良好的榜样。如：答应幼儿的事一定要做到、尊老爱幼、爱护公共环境、节约水电等。 （2）结合社会生活实际，帮助幼儿了解基本行为规则或其他游戏规则，体会规则的重要性，学习自觉遵守规则。如： ★ 经常和幼儿玩带有规则的游戏，遵守共同约定的游戏规则。 ★ 利用实际生活情境和图书故事，向幼儿介绍一些必要的社会行为规则，以及为什么要遵守这些规则。 ★ 在幼儿园的区域活动中，创设情境，让幼儿体会没有规则的不方便，鼓励他们讨论制定规则并自觉遵守。 ★ 对幼儿表现出的遵守规则的行为要及时肯定，对违规行为给予纠正。如：幼儿主动为老人让座时要表扬；幼儿损害别人的物品或公共物品时要及时制止并主动赔偿。 （3）教育幼儿要诚实守信。如： ★ 对幼儿诚实守信的行为要及时肯定。 ★ 允许幼儿犯错误，告诉他改了就好。不要打骂幼儿，以免他因害怕惩罚而说谎。 ★ 小年龄幼儿经常分不清想象和现实，成人不要误认为他是在说谎。 ★ 发现幼儿说谎时，要反思是否是因自己对幼儿的要求过高过严造成的。如果是，要及时调整自己的行为，同时要严肃地告诉幼儿说谎是不对的。 ★ 经常给幼儿分配一些力所能及的任务，要求他完成并及时给予表扬，培养他的责任感和认真负责的态度。

领域	项目	目标	幼儿年	
			3~4岁	4~5岁
三、社会	（二）社会适应	3. 具有初步的归属感	（1）知道和自己一起生活的家庭成员及与自己的关系，体会到自己是家庭的一员。 （2）能感受到家庭生活的温暖，爱父母，亲近与信赖长辈。 （3）能说出自己家所在街道、小区（乡镇、村）的名称。 （4）认识国旗，知道国歌。	（1）喜欢自己所在的幼儿园和班级，积极参加集体活动。 （2）能说出自己家所在地的省、市、县（区）名称，知道当地有代表性的物产或景观。 （3）知道自己是中国人。 （4）奏国歌、升国旗时能自动站好。
四、科学	（一）科学探究	1. 亲近自然，喜欢探究	（1）喜欢接触大自然，对周围的很多事物和现象感兴趣。 （2）经常问各种问题，或好奇地摆弄物品。	（1）喜欢接触新事物，经常问一些与新事物有关的问题。 （2）常常动手动脑探索物体和材料，并乐在其中。
		2. 具有初步的探究能力	（1）对感兴趣的事物能仔细观察，发现其明显特征。 （2）能用多种感官或动作去探索物体，关注动作所产生的结果。	（1）能对事物或现象进行观察比较，发现其相同与不同。 （2）能根据观察结果提出问题，并大胆猜测答案。 （3）能通过简单的调查收集信息。 （4）能用图画或其他符号进行记录。

龄　段	教育建议
5~6岁	
（1）愿意为集体做事，为集体的成绩感到高兴。 （2）能感受到家乡的发展变化并为此感到高兴。 （3）知道自己的民族，知道中国是一个多民族的大家庭，各民族之间要互相尊重，团结友爱。 （4）知道国家一些重大成就，爱祖国，为自己是中国人感到自豪。	（1）亲切地对待幼儿，关心幼儿，让他感到长辈是可亲、可近、可信赖的，家庭和幼儿园是温暖的。如： ★ 多和孩子一起游戏、谈笑，尽量在家庭和班级中营造温馨的氛围。 ★ 通过和幼儿一起翻阅照片、讲幼儿成长的故事等，让幼儿感受到家庭和幼儿园的温暖，老师的和蔼可亲，对养育自己的人产生感激之情。 （2）吸引和鼓励幼儿参加集体活动，萌发集体意识。如： ★ 幼儿园和班级里的重大事情和计划，请幼儿集体讨论决定。 ★ 幼儿园应经常组织多种形式的集体活动，萌发幼儿的集体荣誉感。 （3）运用幼儿喜闻乐见和能够理解的方式激发幼儿爱家乡、爱祖国的情感。如： ★ 和幼儿说一说或在地图上找一找自己家所在的省、市、县（区）名称。 ★ 和幼儿一起外出游玩，一起看有关的电视节目或画报等；和他们一起收集有关家乡、祖国各地的风景名胜、著名的建筑、独特物产的图片等，在观看和欣赏的过程中激发幼儿的自豪感和热爱之情。 ★ 利用电视节目或参加升旗等活动，向幼儿介绍国旗、国歌以及观看升旗、奏国歌的礼仪。 ★ 向幼儿介绍反映中国人聪明才智的发明和创造，激发幼儿的民族自豪感。
（1）对自己感兴趣的问题总是刨根问底。 （2）能经常动手动脑寻找问题的答案。 （3）探索中有所发现时感到兴奋和满足。	（1）经常带幼儿接触大自然，激发其好奇心与探究欲望。如： ★ 为幼儿提供一些有趣的探究工具，用自己的好奇心和探究积极性感染和带动幼儿。 ★ 和幼儿一起发现并分享周围新奇、有趣的事物或现象，一起寻找问题的答案。 ★ 通过拍照和画图等方式保留和积累有趣的探索与发现。 （2）真诚地接纳、多方面支持和鼓励幼儿的探索行为。如： ★ 认真对待幼儿的问题，引导他们猜一猜、想一想，有条件时和幼儿一起做一些简易的调查或有趣的小实验。 ★ 容忍幼儿因探究而弄脏、弄乱、甚至破坏物品的行为，引导他们活动后做好收拾整理。 ★ 多为幼儿选择一些能操作、多变化、多功能的玩具材料或废旧材料，在保证安全的前提下，鼓励幼儿拆装或动手自制玩具。
（1）能通过观察、比较与分析，发现并描述不同种类物体的特征或某个事物前后的变化。 （2）能用一定的方法验证自己的猜测。 （3）在成人的帮助下能制定简单的调查计划并执行。 （4）能用数字、图画、图表或其他符号记录。 （5）探究中能与他人合作与交流。	（1）有意识地引导幼儿观察周围事物，学习观察的基本方法，培养观察与分类能力。如： ★ 支持幼儿自发的观察活动，对其发现表示赞赏。 ★ 通过提问等方式引导幼儿思考并对事物进行比较观察和连续观察。 ★ 引导幼儿在观察和探索的基础上，尝试进行简单的分类、概括。如：根据运动方式给动物分类，根据生长环境给植物分类，根据外部特征给物体分类等等。 （2）支持和鼓励幼儿在探究的过程中积极动手动脑寻找答案或解决问题。如： ★ 鼓励幼儿根据观察或发现提出值得继续探究的问题，或成人提出有探究意义且能激发幼儿兴趣的问题。如：皮球、轮胎、竹筒等物体滚动时都走直线吗？怎样让橡皮泥球浮在水面上？ ★ 支持和鼓励幼儿大胆联想、猜测问题的答案，并设法验证。如：玩风车时，鼓励幼儿猜测风车转动方向及速度快慢的原因和条件，并实际去验证。 ★ 支持、引导幼儿学习用适宜的方法探究和解决问题，或为自己的想法收集证据。如：想知道院子里有多少种植物，可以进行实地调查；想知道球在平地上还是在斜坡上滚得快，可以动手试一试；想证明影子的方向与太阳的位置有关，可以做个小实验进行验证等。 （3）鼓励和引导幼儿学习做简单的计划和记录，并与他人交流分享。如： ★ 和幼儿共同制定调查计划，讨论调查对象、步骤和方法等，也可以和幼儿一起设法用图画、箭头等标志呈现计划。 ★ 鼓励幼儿用绘画、照相、做标本等办法记录观察和探究的过程与结果，注意要让记录有意义，通过记录帮助幼儿丰富观察经验、建立事物之间的联系和分享发现。 ★ 支持幼儿与同伴合作探究与分享交流，引导他们在交流中尝试整理、概括自己探究的成果，体验合作探究和发现的乐趣。如一起讨论和分享自己的问题与发现，一起想办法收集资料和验证猜测。 （4）帮助幼儿回顾自己探究过程，讨论自己做了什么，怎么做的，结果与计划目标是否一致，分析一下原因以及下一步要怎样做等。

领域	项目	目标	幼儿年	
			3～4岁	4～5岁
四、科学	（一）科学探究	3. 在探究中认识周围事物和现象	（1）认识常见的动植物，能注意并发现周围的动植物是多种多样的。 （2）能感知和发现物体和材料的软硬、光滑和粗糙等特性。 （3）能感知和体验天气对自己生活和活动的影响。 （4）初步了解和体会动植物和人们生活的关系。	（1）能感知和发现动植物的生长变化及其基本条件。 （2）能感知和发现常见材料的溶解、传热等性质或用途。 （3）能感知和发现简单物理现象，如物体形态或位置变化等。 （4）能感知和发现不同季节的特点，体验季节对动植物和人的影响。 （5）初步感知常用科技产品与自己生活的关系，知道科技产品有利也有弊。
	（二）数学认知	1. 初步感知生活中数学的有用和有趣	（1）感知和发现周围物体的形状是多种多样的，对不同的形状感兴趣。 （2）体验和发现生活中很多地方都用到数。	（1）在指导下，感知和体会有些事物可以用形状来描述。 （2）在指导下，感知和体会有些事物可以用数来描述，对环境中各种数字的含义有进一步探究的兴趣。

龄　　段	教育建议
5～6岁	
（1）能察觉到动植物的外形特征、习性与生存环境的适应关系。 （2）能发现常见物体的结构与功能之间的关系。 （3）能探索并发现常见的物理现象产生的条件或影响因素，如影子、沉浮等。 （4）感知并了解季节变化的周期性，知道变化的顺序。 （5）初步了解人们的生活与自然环境的密切关系，知道尊重和珍惜生命，保护环境。	（1）支持幼儿在接触自然、生活事物和现象中积累有益的直接经验和感性认识。如： ★ 和幼儿一起通过户外活动、参观考察、种植和饲养活动，感知生物的多样性和独特性，以及生长发育、繁殖和死亡的过程。 ★ 给幼儿提供丰富的材料和适宜的工具，支持幼儿在游戏过程中探索并感知常见物质、材料的特性和物体的结构特点。 （2）引导幼儿在探究中思考，尝试进行简单的推理和分析，发现事物之间明显的关联。如： ★ 引导5岁以上幼儿关注和思考动植物的外部特征、习性与生活环境对动植物生存的意义。如兔子的长耳朵具有自我保护的作用；植物种子的形状有助于其传播等。 ★ 引导幼儿根据常见物质、材料的特性和物体的结构特点，推测和证实它们的用途。如：带轮子的物体方便移动；不同用途的车辆有不同的结构等等。 （3）引导幼儿关注和了解自然、科技产品与人们生活的密切关系，逐渐懂得热爱、尊重、保护自然。如： ★ 结合幼儿的生活需要，引导他们体会人与自然、动植物的依赖关系。如：动植物、季节变化与人们生活的关系、常见灾害性天气给人们生产和生活带来的影响等。 ★ 和幼儿一起讨论常见科技产品的用途和弊端，如：汽车等交通工具给生活带来的方便和对环境的污染等。
（1）能发现事物简单的排列规律，并尝试创造新的排列规律。 （2）能发现生活中许多问题都可以用数学的方法来解决，体验解决问题的乐趣。	（1）引导幼儿注意事物的形状特征，尝试用表示形状的词来描述事物，体会描述的生动形象性和趣味性。如： ★ 参观游览后，和幼儿一起谈论所看到的事物的形状，鼓励幼儿产生联想，并用自己的语言进行描述。如：熊猫的身体圆圆的，全身好像是一个个的圆形组成的。 ★ 和幼儿交谈或读书讲故事时，适当地运用一些有关形状的词汇来描述事物，如看图片时，和幼儿讨论奥运会场馆的形状，体会为什么有的场馆叫“水立方”，有的叫“鸟巢”。 （2）引导幼儿感知和体会生活中很多地方都用到数，关注周围与自己生活密切相关的数的信息，体会数可以代表不同的意义。如： ★ 和幼儿一起寻找发现生活中用数字作标志的事物，如电话号码、时钟、日历和商品的价签等。 ★ 引导幼儿了解和感受数用在不同的地方，表示的意义是不一样的。如天气预报中表示气温的数代表冷热状况；钟表上的数表明时间的早晚等。 ★ 鼓励幼儿尝试使用数的信息进行一些简单的推理。如知道今天是星期五，能推断明天是星期六，爸爸妈妈休息。 （3）引导幼儿观察发现按照一定规律排列的事物，体会其中的排列特点与规律，并尝试自己创造出新的排列规律。如： ★ 和幼儿一起发现和体会按一定顺序排列的队形整齐有序。 ★ 提供具有重复性旋律和词语的音乐、儿歌和故事，或利用环境中有序排列的图案（如按颜色间隔排列的瓷砖、按形状间隔排列的珠帘等），鼓励幼儿发现和感受其中的规律。 ★ 鼓励幼儿尝试自己设计有规律的花边图案、创编有一定规律的动作，或者按某种规律进行搭建活动。 ★ 引导幼儿体会生活中很多事情都是有一定顺序和规律的，如一周七天的顺序是从周一到周日，一年四季按照春夏秋冬轮回等。 （4）鼓励和支持幼儿发现、尝试解决日常生活中需要用到数学的问题，体会数学的用处。如： ★ 拍球、跳绳、跳远或投沙包时，可通过数数、测量的方法确定名次。 ★ 讨论春游去哪里玩时，让幼儿商量想去哪里玩？每个想去的地方有多少人？根据统计结果做出决定。 ★ 滑滑梯时，按照“先来先玩”的规则有序地排队玩。

领域	项目	目标	幼儿年	
			3~4岁	4~5岁
四、科学	（二）数学认知	2. 感知和理解数、量及数量关系	（1）能感知和区分物体的大小、多少、高矮长短等量方面的特点，并能用相应的词表示。 （2）能通过一一对应的方法比较两组物体的多少。 （3）能手口一致地点数5个以内的物体，并能说出总数。能按数取物。 （4）能用数词描述事物或动作。如我有4本图书。	（1）能感知和区分物体的粗细、厚薄、轻重等量方面的特点，并能用相应的词语描述。 （2）能通过数数比较两组物体的多少。 （3）能通过实际操作理解数与数之间的关系，如5比4多1；2和3合在一起是5。 （4）会用数词描述事物的排列顺序和位置。
		3. 感知形状与空间关系	（1）能注意物体较明显的形状特征，并能用自己的语言描述。 （2）能感知物体基本的空间位置与方位，理解上下、前后、里外等方位词。	（1）能感知物体的形体结构特征，画出或拼搭出该物体的造型。 （2）能感知和发现常见几何图形的基本特征，并能进行分类。 （3）能使用上下、前后、里外、中间、旁边等方位词描述物体的位置和运动方向。
五、艺术	（一）感受与欣赏	1. 喜欢自然界与生活中美的事物	（1）喜欢观看花草树木、日月星空等大自然中美的事物。 （2）容易被自然界中的鸟鸣、风声、雨声等好听的声音所吸引。	（1）在欣赏自然界和生活环境中美的事物时，关注其色彩、形态等特征。 （2）喜欢倾听各种好听的声音，感知声音的高低、长短、强弱等变化。

龄段	教育建议
5~6岁	
（1）初步理解量的相对性。 （2）借助实际情境和操作（如合并或拿取）理解“加”和“减”的实际意义。 （3）能通过实物操作或其他方法进行10以内的加减运算。 （4）能用简单的记录表、统计图等表示简单的数量关系。	（1）引导幼儿感知和理解事物“量”的特征。如： ★ 感知常见事物的大小、多少、高矮、粗细等量的特征，学习使用相应的词汇描述这些特征。 ★ 结合具体事物让幼儿通过多次比较逐渐理解“量”是相对的。如小亮比小明高，但比小强矮。 ★ 收拾物品时，根据情况，鼓励幼儿按照物体量的特征分类整理。如整理图书时按照大小摆放。 （2）结合日常生活，指导幼儿学习通过对应或数数的方式比较物体的多少。如： ★ 鼓励幼儿在一对一配对的过程中发现两组物体的多少。如，在给桌子上的每个碗配上勺子时，发现碗和勺多少的不同。 ★ 鼓励幼儿通过数数比较两样东西的多少。如数一数有多少个苹果，多少个梨，判断苹果和梨哪个多，哪个少。 （3）利用生活和游戏中的实际情境，引导幼儿理解数概念。如： ★ 结合生活需要，和幼儿一起手口一致点数物体，得出物体的总数。 ★ 通过点数的方式让幼儿体会物体的数量不会因排列形式、空间位置的不同而发生变化。如鼓励幼儿将一定数量的扣子以不同的形式摆放，体会扣子的数量是不变的。 ★ 结合日常生活，为幼儿提供“按数取物”的机会，如游戏时，请幼儿按要求拿出几个球。 （4）通过实物操作引导幼儿理解数与数之间的关系，并用“加”或“减”的办法来解决问题。如： ★ 游戏中遇到让4个小动物住进两间房子的问题，或生活中遇到将5块饼干分给两个小朋友的问题时，让幼儿尝试不同的分法。 ★ 鼓励幼儿尝试自己解决生活中的数学问题。如家里来了5位客人，桌子上只有3个杯子，还需要几个杯子等。 ★ 购少量物品时，有意识地鼓励幼儿参与计算和付款的过程等。
（1）能用常见的几何形体有创意地拼搭和画出物体的造型。 （2）能按语言指示或根据简单示意图正确取放物品。 （3）能辨别自己的左右。	（1）用多种方法帮助幼儿在物体与几何形体之间建立联系。如： ★ 引导幼儿感受生活中各种物品的形状特征，并尝试识别和描述。如感受和识别盘子、桌子、车轮、地砖等物品的形状特征。 ★ 鼓励和支持幼儿用积木、纸盒、拼板等各种形状材料进行建构游戏或制作活动。如用长方形的纸盒加两个圆形瓶盖制作“汽车”。 ★ 收拾整理积木时，引导幼儿体验图形之间的转换。如两个三角形可组合成一个正方形，两个正方形可组合成一个长方形。 ★ 引导幼儿注意观察生活物品的图形特征，鼓励他们按形状分类整理物品。 （2）丰富幼儿空间方位识别的经验，引导幼儿运用空间方位经验解决问题。如： ★ 请幼儿取放物体时，使用他们能够理解的方位词，如把桌子下面的东西放到窗台上，把花盆放在大树旁边等。 ★ 和幼儿一起识别熟悉场所的位置。如超市在家的旁边，邮局在幼儿园的前面。 ★ 在体育、音乐和舞蹈活动中，引导幼儿感受空间方位和运动方向。 ★ 和幼儿玩按指令找宝的游戏。对年龄小的幼儿要求他们按语言指令寻找，对年龄大些的幼儿可要求按照简单的示意图寻找。
（1）乐于收集美的物品或向别人介绍所发现的美的事物。 （2）乐于模仿自然界和生活环境中有特点的声音，并产生相应的联想。	（1）和幼儿一起感受、发现和欣赏自然环境和人文景观中美的事物。如： ★ 让幼儿多接触大自然，感受和欣赏美丽的景色和好听的声音。 ★ 经常带幼儿参观园林、名胜古迹等人文景观，讲讲有关的历史故事、传说，与幼儿一起讨论和交流对美的感受。 （2）和幼儿一起发现美的事物的特征，感受和欣赏美。如： ★ 让幼儿观察常见动植物以及其他物体，引导幼儿用自己的语言、动作等描述它们美的方面，如颜色、形状、形态等。 ★ 让幼儿倾听和分辨各种声响，引导幼儿用自己的方式来表达他对音色、强弱、快慢的感受。 ★ 支持幼儿收集喜欢的物品并和他一起欣赏。

领域	项目	目标	幼儿年	
			3~4岁	4~5岁
五、艺术	（一）感受与欣赏	2. 喜欢欣赏多种多样的艺术形式和作品	（1）喜欢听音乐或观看舞蹈、戏剧等表演。 （2）乐于观看绘画、泥塑或其他艺术形式的作品。	（1）能够专心地观看自己喜欢的文艺演出或艺术品，有模仿和参与的愿望。 （2）欣赏艺术作品时会产生相应的联想和情绪反应。
	（二）表现与创造	1. 喜欢进行艺术活动并大胆表现	（1）经常自哼自唱或模仿有趣的动作、表情和声调。 （2）经常涂涂画画、粘粘贴贴并乐在其中。	（1）经常唱唱跳跳，愿意参加歌唱，律动、舞蹈、表演等活动。 （2）经常用绘画、捏泥、手工制作等多种方式表现自己的所见所想。
		2. 具有初步的艺术表现与创造能力	（1）能模仿学唱短小歌曲。 （2）能跟随熟悉的音乐做身体动作。 （3）能用声音、动作、姿态模拟自然界的事物和生活情景。 （4）能用简单的线条和色彩大体画出自己想画的人或事物。	（1）能用自然的、音量适中的声音基本准确地唱歌。 （2）能通过即兴哼唱、即兴表演或给熟悉的歌曲编词来表达自己的心情。 （3）能用拍手、踏脚等身体动作或可敲击的物品敲打节拍和基本节奏。 （4）能运用绘画、手工制作等表现自己观察到或想象的事物。

龄　　段	教育建议
5～6岁	
（1）艺术欣赏时常常用表情、动作、语言等方式表达自己的理解。 （2）愿意和别人分享、交流自己喜爱的艺术作品和美感体验。	（1）创造条件让幼儿接触多种艺术形式和作品。如： ★ 经常让幼儿接触适宜的、各种形式的音乐作品，丰富幼儿对音乐的感受和体验。 ★ 和幼儿一起用图画、手工制品等装饰和美化环境。 ★ 带幼儿观看或共同参与传统民间艺术和地方民俗文化活动，如皮影戏、剪纸和捏面人等。 ★ 有条件的情况下，带幼儿去剧院、美术馆、博物馆等欣赏文艺表演和艺术作品。 （2）尊重幼儿的兴趣和独特感受，理解他们欣赏时的行为。如： ★ 理解和尊重幼儿在欣赏艺术作品时的手舞足蹈、即兴模仿等行为。 ★ 当幼儿主动介绍自己喜爱的舞蹈、戏曲、绘画或工艺品时，要耐心倾听并给予积极回应和鼓励。
（1）积极参与艺术活动，有自己比较喜欢的活动形式。 （2）能用多种工具、材料或不同的表现手法表达自己的感受和想象。 （3）艺术活动中能与他人相互配合，也能独立表现。	（1）创造机会和条件，支持幼儿自发的艺术表现和创造。 ★ 提供丰富的便于幼儿取放的材料、工具或物品，支持幼儿进行自主绘画、手工、歌唱、表演等艺术活动。 ★ 经常和幼儿一起唱歌、表演、绘画、制作，共同分享艺术活动的乐趣。 （2）营造安全的心理氛围，让幼儿敢于并乐于表达表现。如： ★ 欣赏和回应幼儿的哼哼唱唱、模仿表演等自发的艺术活动，赞赏他独特的表现方式。 ★ 在幼儿自主表达创作过程中，不做过多干预或把自己的意愿强加给幼儿，在幼儿需要时再给予具体的帮助。 ★ 了解并倾听幼儿艺术表现的想法或感受，领会并尊重幼儿的创作意图，不简单用"像不像"、"好不好"等成人标准来评价。 ★ 展示幼儿的作品，鼓励幼儿用自己的作品或艺术品布置环境。
（1）能用基本准确的节奏和音调唱歌。 （2）能用律动或简单的舞蹈动作表现自己的情绪或自然界的情景。 （3）能自编自演故事，并为表演选择和搭配简单的服饰、道具或布景。 （4）能用自己制作的美术作品布置环境、美化生活。	尊重幼儿自发的表现和创造，并给予适当的指导。如： ★ 鼓励幼儿在生活中细心观察、体验，为艺术活动积累经验与素材。如，观察不同树种的形态、色彩等。 ★ 提供丰富的材料，见图书、照片、绘画或音乐作品等，让幼儿自主选择，用自己喜欢的方式去模仿或创作，成人不做过多要求。 ★ 根据幼儿的生活经验，与幼儿共同确定艺术表达表现的主题，引导幼儿围绕主题展开想象，进行艺术表现。 ★ 幼儿绘画时，不宜提供范画，特别不应要求幼儿完全按照范画来画。 ★ 肯定幼儿作品的优点，用表达自己感受的方式引导其提高。如"你的画用了这么多红颜色，感觉就像过年一样喜庆"、"你扮演的大灰狼声音真像，要是表情再凶一点就更好了"等。